判例裁決 から見る
交際費の実務

税理士 櫻井 圭一 著

税務研究会出版局

はじめに～本書の目的～

　たとえば、ある法人の従業員が取引先の担当者と食事をするとしましょう。もちろん、食事をすることそのものが目的ではなく、何らかの営業上の意図があってのものです。人間が食事をするということは、理屈としては、そこには何らかの「所得」が発生しているはずです。しかし、フィリンジ・ベネフィット課税における「使用者の便宜の論理」のように、この食事は言ってみれば「仕方なく」（場合によっては嫌々）したものであるから、そこに課税するのはおかしいという理屈もあります。

　では、こんな場合はどうでしょうか。ある法人の業務上、自己の得意先の担当者を接待する目的で、銀座や北新地の高級クラブに招待したとします。そして、実際に得意先の担当者が接待の内容に満足し、結果的に歓心を得ることができ、取引関係の円滑な関係を築くことができ、新たな受注を得ることができたとします。

　まず、この場合、法人が高級クラブに支払った金額については、原則は（交際費等課税の制度がなければ）損金の額に算入されます。そして、対価を受け取った高級クラブの売上は所得税か法人税の課税対象とされます。同時に接待を受けた得意先の担当者は、接待内容に満足したのであるから、理屈としては、そこにはなんらかの「所得」が発生しているはずです。しかし、法人が支払った直接の相手先は高級クラブです。「法人」は飲み食いしないし感情もないから、「満足」もしません。現実世界では、法人の従業員や役員が「満足」しているに過ぎません。だが、このままだとこの「満足」には課税されない。つまり、理屈としての「所得」は2種類あることになります。飲食店の所得と従業員・役員

個人の所得です。にもかかわらず、通常、課税されているのは飲食店だけです。このように、「支出の相手方」に対するいわゆる「代替課税論」が、交際費等課税制度の背景のひとつとされているところです。

　現行の制度では交際費等を支出した法人側における損金算入を制限することにより、問題の解決を図ろうとしているのかもしれません。接待を受けた会社の担当者に所得課税するのは、技術的（金額の確定）にも執行上も相当困難です。こう考えると、現行の交際費等課税は、制度の落ち着き方としては評価できるのかもしれません。

　一方で、支出する法人にとっては、その支出が交際費等に該当するのかそうでないのかで、課税所得や税額に大きな影響を及ぼすことも事実です。

　本書はこのような交際費等課税の現実的な背景を意識しつつ、現行の課税実務において、交際費等の隣接科目（会議費・福利厚生費・広告宣伝費等）が損金算入されるための要件を実務家の観点から探ることを目的としました。そして、その手法として、主として、交際費等について争われた判例や裁決事例を検討する方法を用いました。

　本書が、法人税実務に携わる方々の一助になれば幸いです。最後に、本書の刊行にご尽力をいただいた税務研究会の奥田守様に心より感謝申し上げます。

平成26年1月

著　者

目　次

第1章　交際費等をめぐる代表的な判例の概観

1　主要判例
1－1　ドライブイン事件 …………………………………………… 2
　1　事案の概要 ……………………………………………………… 2
　2　当事者の主張 …………………………………………………… 3
　（1）第一審（東京地判昭和50年6月24日） ……………………… 3
　（2）控訴審（東京高判昭和52年11月30日） …………………… 6
　3　裁判所の判断 …………………………………………………… 9
　（1）第一審（東京地判昭和50年6月24日） ……………………… 9
　（2）控訴審（東京高判昭和52年11月30日） …………………… 11
　4　検討 ……………………………………………………………… 13
　（1）二要件説 ……………………………………………………… 13
　（2）支出の相手方～「不特定多数の者」かどうか～ ………… 17
　（3）対価性の有無～寄附金該当性～ …………………………… 23
　（4）本件チップの損金算入の可否 ……………………………… 28
　（5）本判決の射程 ………………………………………………… 31
1－2　英文添削費差額事件 ………………………………………… 33
　1　事案の概要 ……………………………………………………… 33
　2　当事者の主張 …………………………………………………… 34
　（1）第一審（東京地判平成14年9月13日） …………………… 34
　（2）控訴審（東京高判平成15年9月9日） ……………………… 40
　3　裁判所の判断 …………………………………………………… 46

（1）第一審（東京地判平成14年9月13日） …………………… 46
　（2）控訴審（東京高判平成15年9月9日） ……………………… 48
　4 検討 …………………………………………………………… 51
　（1）修正二要件説 ………………………………………………… 51
　（2）一審判決についての論点 …………………………………… 54
　（3）三要件説 ……………………………………………………… 55
　（4）「支出の相手方」 ……………………………………………… 56
　（5）「支出の目的」について ……………………………………… 58
　（6）「行為の形態」について ……………………………………… 60
　（7）本判決の意義 ………………………………………………… 61

1-3　オートオークション事件 ……………………………………… 63
　1 事案の概要 ……………………………………………………… 63
　2 当事者の主張 …………………………………………………… 64
　（1）X社 ……………………………………………………………… 64
　（2）Y税務署長 …………………………………………………… 65
　3 裁判所の判断 …………………………………………………… 68
　（1）交際費等の定義 ……………………………………………… 68
　（2）本件費用へのあてはめ ……………………………………… 68
　（3）売上割戻し該当性について ………………………………… 69
　（4）販売促進費・広告宣伝費該当性について ………………… 70
　4 検討 …………………………………………………………… 71
　（1）「事業に関係のある者等」について ………………………… 71
　（2）「支出の目的」について ……………………………………… 71
　（3）「行為の形態」について ……………………………………… 72
　（4）措置法施行令37の5②「政令で定める費用」について ……… 73

2　最近の判例～英文添削費差額事件以降～

2-1　遊園施設の清掃業務の再委託料と委託料との差額、優待入場券のサービス提供原価相当分は交際費等とされた事例……76
（1）争点……………………………………………………76
（2）当事者の主張…………………………………………77
（3）裁判所の判断…………………………………………77
（4）検討……………………………………………………79

2-2　退任した前代表取締役に対する地元対策等を目的とする支出は交際費等ではなく給与とした事例……………………81
（1）争点……………………………………………………81
（2）当事者の主張…………………………………………81
（3）審判所の判断…………………………………………82
（4）検討……………………………………………………83

2-3　教室業等を営む者が卒業式において供した昼食等に係る費用について交際費等に該当しないとした事例……………85
（1）事案の概要……………………………………………85
（2）当事者の主張…………………………………………85
（3）審判所の判断…………………………………………86
（4）検討……………………………………………………88

2-4　個人代理店を報酬基準に従って海外旅行に招待した費用は交際費等とした事例……………………………………90
（1）争点……………………………………………………90
（2）裁判所の判断…………………………………………90
（3）検討……………………………………………………93

2-5　就職内定者の囲い込み費用は会議費ではなく交際費等とされた事例…………………………………………………94

（1）争点 …………………………………………………………… 94
（2）当事者の主張 ………………………………………………… 94
（3）裁判所の判断 ………………………………………………… 95
（4）検討 …………………………………………………………… 95

2-6 外国の公社との取引に際し機械等を無償で贈与するために支出した金員が交際費等とされた事例 ………………………… 99

（1）事案の概要 …………………………………………………… 99
（2）当事者の主張 ………………………………………………… 99
（3）裁判所の判断 ………………………………………………… 100
（4）検討 …………………………………………………………… 104

3 その他の判例

3-1 興安丸事件（レセプション事件）………………………… 107
（1）事案の概要 …………………………………………………… 107
（2）裁判所の判断 ………………………………………………… 107
（3）検討 …………………………………………………………… 109

3-2 従業員の忘年会等の費用が交際費等とされた事例 ……… 112
（1）争点 …………………………………………………………… 112
（2）裁判所の判断 ………………………………………………… 112
（3）検討 …………………………………………………………… 112

3-3 記念祝賀会の費用 …………………………………………… 114
（1）争点 …………………………………………………………… 114
（2）裁判所の判断 ………………………………………………… 114
（3）検討 …………………………………………………………… 115

3-4 社長の結婚披露宴の費用は交際費等ではなく役員賞与とされた事例 ……………………………………………………… 117

（1）争点 …………………………………………………………… 117
　　（2）裁判所の判断 ………………………………………………… 117
　　（3）検討 …………………………………………………………… 118
　3−5　法人の代表者とその同伴者のゴルフプレーの費用が役員賞
　　　　与とされた事例………………………………………………… 121
　　（1）争点 …………………………………………………………… 121
　　（2）裁判所の判断 ………………………………………………… 121
　　（3）検討 …………………………………………………………… 121
　3−6　得意先を旅行に招待する費用 ………………………………… 123
　　（1）争点 …………………………………………………………… 123
　　（2）裁判所の判断 ………………………………………………… 123
　　（3）検討 …………………………………………………………… 124
　3−7　工場見学のために要する費用は販売促進費であるとした事
　　　　例………………………………………………………………… 127
　　（1）事案の概要 …………………………………………………… 127
　　（2）裁判所の判断 ………………………………………………… 127
　　（3）検討 …………………………………………………………… 128
　3−8　特定の従業員の飲食の費用は交際費等とされた事例……… 129
　　（1）争点 …………………………………………………………… 129
　　（2）裁判所の判断 ………………………………………………… 129
　　（3）検討 …………………………………………………………… 130
　3−9　費用の招待客負担分は交際費から控除できないとした事例
　　　　…………………………………………………………………… 131
　　（1）争点 …………………………………………………………… 131
　　（2）裁判所の判断 ………………………………………………… 131
　　（3）検討 …………………………………………………………… 132

3-10　2以上の法人が共同して交際費を負担した場合 …………… 133
　（1）争点 ………………………………………………………………… 133
　（2）裁判所の判断 ……………………………………………………… 133
　（3）検討 ………………………………………………………………… 134
3-11　交際費等の主体 ……………………………………………………… 136
　（1）争点 ………………………………………………………………… 136
　（2）裁判所の判断 ……………………………………………………… 136
　（3）検討 ………………………………………………………………… 137
3-12　固定資産の交換差金が交際費等とされた事例 ……………… 138
　（1）事案の概要 ………………………………………………………… 138
　（2）裁判所の判断 ……………………………………………………… 138
　（3）検討 ………………………………………………………………… 139

第2章　裁判所等の判断の整理

1　課税要件総論 …………………………………………………………… 144
2　課税要件各論 …………………………………………………………… 145
　（1）支出の相手方―「事業に関係のある者等」…………………… 145
　（2）支出の目的―「事業関係者等との間の親睦の度を密にして取引関係の円滑な進行を図ること」………………………………… 145
　（3）行為の形態―「接待、供応、慰安、贈答その他これらに類する行為」の存在 ……………………………………………………… 146
3　隣接科目との区分 ……………………………………………………… 146
　（1）広告宣伝費・販売促進費等との区分 …………………………… 146
　（2）福利厚生費・給与との区分 ……………………………………… 154

参考　平成26年度税制改正大綱における交際費等の損金不算入制度の見直しについて……………………………………………………… 161

凡　例

1　法令は平成26年1月31日現在のものによります。
2　判例集・雑誌等の引用については以下の略語を使用しています。
　行裁例集……行政事件裁判所例集
　月報…………訟務月報
　税資…………税務訴訟資料
　判時…………判例時報
　判タ…………判例タイムズ
3　文献・論文の引用については以下の略語を使用しています。引用中、論文については「　」、著書については『　』を用いています。
　岡村忠生『法人税法講義［第3版］』（成文堂・2007）　　　　　　　岡村・講義
　金子宏『租税法第18版』（弘文堂・2013）　　　　　　　　　　　　金子・租税法
　田中治「判批」判例時報1870号175頁　　　　　　　　　　　　　田中・判批
　酒井克彦『クローズアップ課税要件事実論』（財経詳報社・2012）
　　　　　　　　　　　　　　　　　　　　　　　　　　　　　　　酒井・課税要件
　高梨克彦「交際費等」税法学300号15頁　　　　　　　　　　　　　高梨論文
　吉牟田勲「交際費等、寄附金、広告宣伝費」
　北野弘久編『租税実体法Ⅰ』141頁（学陽書房・1979）　　　　　　吉牟田論文
　谷口勢津夫『税法基本講義第3版』（弘文堂・2012）　　　　　　　谷口・講義
　駒崎清人他共編『交際費の税務』（大蔵財務協会・2013）　駒崎他・交際費
　水野忠恒他編『租税判例百選［第4版］』（有斐閣・2005）　　　　百選4版
　水野忠恒他編『租税判例百選［第5版］』（有斐閣・2011）　　　　百選5版
　三木義一他編著『判例分析ファイルⅡ法人税編第2版』（税務経理協会・2009）
　　　　　　　　　　　　　　　　　　　　　　　　　　　　　三木他・判例分析Ⅱ
　若林孝三「交際費・寄付金の区分とその判断基準」税経通信41

第1章

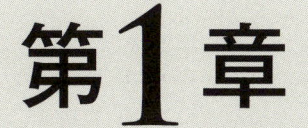

交際費等を
めぐる代表的な
判例の概観

1 主要判例

1-1 ドライブイン事件

東京高判昭和52年11月30日行裁例集28巻11号1257頁
東京地判昭和50年6月24日行裁例集26巻6号831頁、判時792号23頁
なお、類似の事案として、国税不服審判所裁決昭和52年3月31日（裁決事例集13集69頁）があります。

1 事案の概要

(1) ドライブインを経営しているX株式会社（以下「X社」）は、国道16号線沿いの東京都西多摩郡瑞穂町においてドライブインを経営していました。当時、ドライブイン経営者と観光会社等との間では、下記のような状況を背景に、一定の協定料を支払う旨を約す協定が締結されており、観光会社等は当該ドライブインに優先的に観光客を送るよう約していました。

① 観光バスは、観光客及び運転手等の休息、食事、観光客の土産品の購入、観光会社等のバス運行状況把握と連絡等のためドライブインに駐車すること。
② ドライブインでは、できるだけ多くの観光バスが駐車し、客を誘致してくれることにより売上げを伸ばすことができるため、駐車した観光バスの運転手等に対してチップとして現金を渡す慣行があったこと。
③ チップを渡さないと自然敬遠され、経営上も支障が生ずること。

しかし、協定のない場合は勿論、協定のある場合においても、実際上は運転手にどのドライブインに駐車するかの裁量権があるため、Ｘ社ら同業者は、協定の有無を問わず、今後も自己の経営するドライブインに駐車してくれるであろうことを期待して、駐車した観光バスの運転手等にチップを渡し、また運転手等もこれを期待していました。実際、Ｘ社は、運転手に300円、バスガイドに100円、添乗員に300円をいずれもその都度のし袋に入れ現金で交付しており、Ｘ社ら同業者もこの金銭をチップ（以下「本件チップ」）と呼んでいました。

　(2)Ｘ社は、昭和42年度（昭和42年７月１日から昭和43年６月30日までの事業年度）及び昭和43年度（昭和43年７月１日から昭和44年６月30日までの事業年度）において、本件チップを交際費科目ではなく手数料科目として損金算入し、法人税の確定申告書を提出しました。

　(3)これに対しＹ税務署長は、本件チップを租税特別措置法上の「交際費等」として、昭和42年度及び昭和43年度のＸ社の法人税について更正をしました。

　Ｘ社は、本件チップについては交際費等に該当しないとして、更正処分の取消しを求めました。

2　当事者の主張

(1) 第一審（東京地判昭和50年6月24日）
① Ｘ社
　ア　交際費等の定義について
　「交際費等と営業経費との差異は冗費性の有無にあると解されるところ、交際費等に当たるには、1．事業遂行に必然的でないこと、つまり慣行的に広くその定額的支出が実施されていないこと、2．金員

の支払を受けるものは事業関係者であること、3．飲み食いの浪費的行為か又は反対給付なき財貨供与であることの三要件を充足することが必要である。」

イ　本件チップへのあてはめ

　a　対価性

　「しかるに、本件手数料は、広く慣行的に定額として支出されており、かつ、運転手等が観光客をドライブインに誘導して、客が食事をしたり土産品を購入したりすることの仲立的役務に対する対価として、あるいは乗客を誘導してくれた対価として支払われるものであり、浪費的飲み食いの要素もないのであるから、冗費性はなく、したがつて、交際費等には該当しない。」

　b　広告宣伝費該当性について

　「本件手数料は広告宣伝費に当たるから交際費等に当たらない。すなわち、交際費等から除かれる費用として、租税特別措置法施行令…が定めるカレンダー等を贈与するために通常要する費用は、少額であつて、かつ、カレンダー等は多数に配布され、主として広告宣伝を目的とするものであるが、本件手数料も一回当たりの支払は少額であつて、かつ、不特定多数の運転手等がその支給対象であり、しかもその支出の事実は直ちに他の運転手等に伝えられて原告の営業の広告宣伝の目的が達せられるから、広告宣伝費に当たる。」

　c　販売奨励金該当性について

　「本件手数料は販売奨励金に当たるから交際費等に当たらない。すなわち、本件手数料の支出は、ドライブインの売上高を伸ばすこと、つまり販売促進を目的としてセールスマンに相当する運転手等に対して、一台のバス客を食事、休憩等のためにドライブインに立ち寄らせ相当の売上げを図るために支払われるものであるから、国

税庁長官通達…に定める販売奨励金ともいえるのであつて、ドライブイン経営上通常かつ必要にしてその支出が慣行化した営業経費そのものというべきである。」

② **Ｙ税務署長**

ア　交際費等の定義について

「交際費等とは、広い意味における交際、接待、贈答その他これらに類する行為のための費用をいうから、交際費等に当たるか否かは、その支出の名義によるのではなく、当該支出が右のような行為形態に該当するか否かという実質的な判断に基づき決定されるものであつて、その支出が事業の遂行上必要欠くべからざるものであるかどうかにより、左右されるべきものではない。」

イ　本件チップへのあてはめ

　a　対価性

「また、本件手数料の支出の相手方たる運転手等は、個人として原告のため役務を提供したのではなく、その所属するバス会社、旅行斡旋業者等勤務先の業務の遂行の一環として、原告のドライブインに観光バスを駐車させ、原告の施設を利用したにすぎないのであつて、当該運転手等が原告と客との間に立つて食事提供契約あるいは土産品売買契約を締結せしめることに尽力する積極的な活動は一切ない。本件手数料支出の目的は運転手等の歓心を買うところにあり、何ら役務の提供に対する対価という関係の生ずる余地はない。」

　b　広告宣伝費該当性について

「本件手数料は広告宣伝費には当たらない。広告宣伝費とは、不特定多数の者に社名、自己製品及び商品の名称、性能を知らしめ、購買心をそそるために支出する費用であるが、本件手数料は、観光バスの乗客が原告の経営するドライブインで食事し、あるいは土産

品を購入した場合の当該バスの運転手等にのみ支給されるのであつて、その支給対象が不特定多数であるとはとうていいえない。また、その支給は、運転手等の歓心を得ようとするものであつて、原告の経営するドライブインの設備の優秀性、食事、土産品の良廉性等を広く利用客に訴える費用とはいえないものである。したがつて、当該支出によつて何ら土産品等の良廉性に関する宣伝効果は生じないから、広告宣伝費であるとする原告の主張は理由がない。」

c 販売奨励金該当性について

「本件手数料は販売奨励金には当たらない。通達がセールスマンに対し支出する報奨金品の額を交際費等から除外している趣旨は、もともとセールスマンは販売事績に応じて所得を受けるのが常態であつて、独立した事業主体に近い性質を有することにかんがみ、セールスマンに対しその取扱数量に応ずる等のあらかじめ定められた基準に基づき支出するものは、売上割戻しないし歩合給としての性格が認められるところにあつたのであつて、本件手数料の支出を受ける運転手等は、ドライブインの取り扱う飲食物の提供や土産品の販売自体には何も関与しておらず、両者は根本的に異なつている。また、交際費等の損金不算入制度は、経費性が乏しいことをもつて限度超過額の損金算入を認めないこととしているのではないから、本件手数料が事業上通常かつ必要な費用であるかどうかは問題とする余地がない。」

（2）控訴審（東京高判昭和52年11月30日）

① X社

ア 交際費等の定義について

「『交際費等』に当るとされるためには、その要件として、第一に、

支出の目的とするところが、交際の目的すなわち当該支出の相手方との間に親睦の度を密にして取引関係の円滑な進行を図る目的であること、第二に、支出の相手方が、同条項に『その得意先、仕入先その他事業に関係のある者等に対する』と明記されているとおり、当該法人の事業の関係者であること、第三に、『接待、きよう応、慰安、贈答その他これらに類する行為のために支出する』と右条項に明記されてあるような行為の態様を有すること、第四に、支出金額が比較的高額であること、第五に、冗費・濫費性を帯びていること、以上の五つの要件を充足することが必要である。」

イ　本件チップへのあてはめ

「本件手数料は、次に述べるとおり、右第一ないし第五の各要件をいずれも具備しないので、交際費等には当らないというべきである。すなわち、第一の点は、控訴会社が自己の経営するドライブインに駐車した観光バスの運転手等（運転手、バスガイド、添乗旅行斡旋業者等）に現金（本件手数料）を交付するのは、単にバス運転手等との交際を密にし特殊的な友交関係を形成しようとするためでなく、今後も多くの観光バスが駐車し客を誘致してくれることによつてドライブインの売上を伸ばそうとする目的、すなわち販売促進ないし宣伝広告の目的によるものであつて、本件手数料の交付を、原判決のように客誘致のためにする運転手等に対する接待（心付け）とみるのは不当である。」

「第二の点は、控訴会社のドライブインに駐車した観光バスであれば、それが控訴会社との協定関係のある観光会社の所属バスであるか否かを問わず、そのすべてについて運転手等に本件手数料が支払われたのであるから、駐車台数が年間平均２万台に及ぶことも考えれば、その支給対象はとうてい特定の事業関係者とみることはできず、不特

定多数の運転手等に支給されたものとみるべきである。」

「第三の点は、運転手等が観光バスをドライブインに駐車させるのは、観光客の便宜と安全性の確認等の目的のため、その本来の業務の遂行としてこれを行なうものではあるが、どのドライブインに駐車するかは運転手等の自由裁量であるので、運転手等は、手数料の交付を受けることを期待してドライブインを選択し駐車するものであり、他方ドライブイン側としても、観光バスの駐車による客の誘致がなされなければ経営が成り立たないところから、駐車した運転手等に対し、客を誘致してくれたことの対価として、広く業界慣行的な定額の手数料を交付するのであつて、このようにして支給された本件手数料は、販売手数料ないし仲立的媒介手数料ともいうべきものであり、また広告宣伝費といつても差支えないものである。第四および第五の点は、本件手数料は、一回当たりの支払が100円ないし300円という少額で、しかもその支出が事業の遂行上不可欠のものであるから、冗費・濫費性もない。」

② Y税務署長

ア 交際費等の定義について

「交際費等に当るか否かは、第一に支出の相手方が事業に関係のある者であること、第二に支出の目的が接待、きよう応、慰安、贈答その他これらに類する行為を目的とするものであること、の二要件に該当するか否かを判定すれば足り、控訴人主張のその余の要件は、いずれも特に独立の要件とするに当らない。」

イ 本件チップへのあてはめ

「本件手数料は、控訴会社経営のドライブインに駐車する観光バスの運転手等に対し、客誘致のためにする接待の目的で交付されたものであるから、交際費等に当ることは明らかである。運転手等は、その

業務の遂行としてドライブインに駐車するのであつて、本件手数料の対価として客を誘導するものではないのであり、また販売の仲介や媒介行為をしている事実もないのであるから、販売手数料ないし仲立的媒介手数料というのは当らない。また、本件手数料が、もつぱら販売促進に対する直接的な経済効果を目的として支給されたものでなく、その主たる目的は接待にあること明らかであるから、広告宣伝費とみるのも当らない。」

3 裁判所の判断

(1) 第一審（東京地判昭和50年6月24日）

請求棄却。

① 交際費等の定義について

「交際費等に該当するかどうかについては、第一に、支出の相手方が事業に関係のある者であること、第二に、支出の目的が接待、きよう応、慰安、贈答その他これらに類する行為を目的とすることを必要とするのであるが、支出の目的が接待等を意図しているかどうかについては、さらに支出の動機、金額、態様、効果等具体的事情を総合的に判断しなければならないことはいうまでもない。」

「交際費等に当たるかどうかは、法第63条第5項の要件に該当するかどうかにより決定されることがらであつて、当該支出が事業遂行に不可欠であるかどうか、定額的な支出であるかどうかを問わないものと解すべきである。また浪費的飲み食いの要素のあるものだけが交際費等に当たるという原告の主張も法第63条第5項に関する独自の見解であつて採用できない。」

② 本件チップへのあてはめ
　ア　対価性
　「右認定の事実によつてみると、本件手数料は、その支出の相手方が原告のドライブインに駐車する運転手等であるから、法第63条第5項の事業に関係のある者に当たると解することができる。そして、本件手数料は、運転手等に一人当たり100円ないし300円程度の現金を心付けとして任意に支出するものであり、右の支出により観光バスのドライブインに対する駐車を期待するものであるから、右の金員は、文字どおり運転手の歓心を買うための『チップ』であつて、対価性のない支出であり、その支出の目的は客誘致のためにする運転手等に対する接待であること明らかである。したがつて、本件手数料は交際費等に該当すると認めるのが相当である。」

　「運転手等は、観光客の便宜と安全性の確認等の目的のため、その業務の遂行として観光バスをドライブインに駐車するのであつて、チップの対価として乗客を誘導するものとはいえない。また、運転手等が乗客とドライブインとの間において食事の提供や土産品の購入の媒介をし、本件手数料がその媒介行為の対価として支払われたことを認めるに足る証拠はない。よつて、原告の右主張は理由がない。」

　イ　広告宣伝費該当性について
　「不特定多数の者に対する宣伝的効果を意図する費用は、広告宣伝費の性質を有するから、それが接待のために支出された費用であつても、交際費等には含まれないと解すべきであるが、本件手数料は、原告のドライブインに駐車した運転手等に対してのみ支給されるものであるから、その支給対象が不特定であるとはいえない。」

　「また、原告は、手数料の支出が他の運転手等に伝えられることにより広告宣伝の目的が達せられると主張するけれども、前認定のよう

に、他の運転手に対する宣伝の目的でチップが交付されているわけではなく、また、その事実を伝え聞いた他の運転手が原告のドライブインにバスを駐車するに至ることがあるとしても、それは広告宣伝の効果と解すべきものではなく、チップの交付に附随した副次的結果にすぎないものであり、そのために、本件手数料を心付けたる交際費等に当たると認めることを妨げるものではない。」
ウ　販売奨励金該当性について
「本件係争各年度においては、製造業者又は卸売業者がその特約店等のセールスマンに対し、その取扱数量が一定額に達した場合にあらかじめ定められているところにより支出する報奨金品の価額は、そのセールスマンを自社のセールスマンと同様の地位にあるものと考え、交際費等に含めない税務処理が行われていたことが認められる。

しかしながら、運転手等が原告のドライブインの取り扱う食事の提供や土産品の販売に関与していることを認めるに足る証拠はないし、運転手等の業務とドライブインの売上げの増加とは無関係であるから、運転手等をドライブインのセールスマンに喩え、本件手数料を右の販売奨励金と同一視する原告の主張は、とうてい採用することができない。また、当該支出が事業に必要な営業経費であるかどうかは交際費等の認定にとつて必要のないこと先に述べたとおりである。よつて原告の右主張も理由がない。」

（２）控訴審（東京高判昭和５２年１１月３０日）

控訴棄却。

① **交際費等の定義**

「法人の支出が法第63条第5項に定める交際費等に当るとされるためには、同条項の規定の文理上明らかなように、その要件として、第一に

支出の相手方が事業に関係のある者であること、第二に当該支出が接待、きよう応、慰安、贈答その他これらに類する行為のために支出するものであることを必要とするが、それ以外には格別、控訴人主張のようなことを独立の要件とすべきものとは解されない（当該支出が事業の遂行に不可欠なものであるか否か、定額的な支出であるか否か等の判断が、交際費等の認定に直接の必要性を有しないこと引用にかかる原判決の説示するとおりである）。」

② **本件チップへのあてはめ**

ア　対価性

「運転手等は、観光客の便宜と安全性の確認等の目的のため、その業務の遂行として観光バスをドライブインに駐車させるのであつて、運転手にどのドライブインに駐車するかの裁量権はあるにしても、運転手がそのドライブインからチップを支給されることの対価として其処に駐車し乗客を誘導するものとは直ちに認めがたいところであるから、その間に対価関係ありとして本件手数料ないし仲立的媒介手数料に該当するものとする控訴人の主張はにわかに採用しがたい。」

イ　「支出の相手方」及び「支出の目的」

「控訴人は、本件手数料は交際費等に当らないと主張するが、引用の原判決の認定判断するとおり、ドライブインを経営する控訴会社ら同業者は、自己の経営するドライブインにできるだけ多くの観光バスが駐車することにより客が誘致され売上げを伸ばすことができるところから、駐車した観光バスの運転手等にチップとして現金を渡す慣行があり、今後も自己の経営するドライブインに駐車してくれるであろうことを期待して右の現金を渡し、運転手等もこれを期待していたもので、右の現金は授受の当事者間でもチップ（心付け）と呼ばれ、のし袋に入れて交付されており、運転手に300円、そのほかバスガイド

および添乗員にもそれぞれ100円および300円を交付していたのであつて、そのようにして支出された本件手数料は、支出の相手方が控訴会社のドライブインに駐車した運転手等に限られ、右の支出により運転手等の歓心を買い今後も控訴会社のドライブインに駐車してくれることを期待するもので、客誘致のためにする運転手等に対する接待の目的に出たものと認めるのが相当であるから、交際費等に該当するというべきである。」

4 検討

(1) 二要件説

第一審・控訴審ともに、交際費等に当たる要件として、以下の2つを掲げ、X社の請求を棄却しました。

> ア 「支出の相手方」が事業に関係のある者であること。
> イ 「支出の目的」が接待、供応、慰安、贈答その他これらに類する「行為」であること。

いわゆる交際費課税についての「二要件説」です。上記の2つの要件を満たせば、「交際費等」に該当するというものです。

この交際費等該当要件について、X社は第一審において、「事業遂行に必然的でないこと」を要件の一つとして主張しています。つまり、その支出が事業の遂行上不可欠のものであるから、冗費・濫費性もなく、交際費等として取り扱うのは不合理だと考えていたのでしょう。控訴審においても、本件チップは少額で「その支出が事業の遂行上不可欠のものであるから」冗費も濫費性もない、と主張しています。

しかし、交際費等課税の趣旨は、「冗費×乱費の増大を抑制し、企業所得の内部留保による資本蓄積の促進を図る等のため[1]」に一定の損金

不算入のルールを設けているだけで、冗費性や乱費性の有無そのものが課税要件とはならないことは条文の文言上から明らかです。これは、現行においても、少額の手土産や慶弔費等についても交際費等課税の対象になっている[2]ことからも、裏付けられます。また、冗費性や乱費性があったとしても、資本金額等一定の要件を満たす法人については、一定金額の交際費等については現行制度においても、結果的に損金算入されているところです。また、損金算入の大原則である法人税法第22条第3項に照らしても、「販売費、一般管理費その他の費用」である交際費等は原則としては、「当該事業年度の損金の額に算入すべき金額」として取り扱われるところ、「別段の定め」たる租税特別措置法により、特例として一定の損金不算入のルールが設けられています。したがって、X社のいう「事業の遂行上不可欠のものであるから」という主張が失当であることは明らかです。税務署長も裁判所も本件チップが事業に必要ではないとは言っていないのです。学説においても、「交際費等も、事業と直接の関係がある限り損金の額に算入されるべき性質のものである。」（金子・租税法356頁）、「交際費は、法人の事業遂行にかかわるものであり、もともと経費性が認められるべきであるにもかかわらず」（田中治「違法支出の必要経費該当性」税務事例研究48号61頁）、「交際費等は、相手方との取引を円滑に遂行する目的で支出される企業会計上の費用であ

1　岡村・講義171頁。
2　日本税理士会連合会「平成26年度・税制改正に関する建議書」では交際費等について、「事業活動を遂行するに当たり社会通念上必要とされる慶弔費等は交際費課税の対象外とし、損金の額に算入されるべきである。」としています。また、武田昌輔「香典、花輪、餞別、祝金等と交際費等」（税経通信59巻10号213頁）では、香典、祝金等につき、立法論として「交際費等課税の対象から除くべきもの」とされています。

　英文添削費差額事件控訴審判決の判例評釈においても、香典、見舞金などをもって、「当然に社会的非難を受けるべき冗費、濫費というのは、相当に困難だと思われる。」（田中・判批180頁）とされています。

　なお、少額の飲食代金を交際費等から除くことはできないとされた事案で、国税不服審判所裁決昭和53年12月20日（裁決事例集17集92頁）。

る。」(岡村・講義171頁)、などとされています。

　さて、ここで「二要件説」について整理するために、まず、条文を確認します。

> **租税特別措置法第61条の4　交際費等の損金不算入**[3]
> 　法人が平成18年4月1日から平成26年3月31日までの間に開始する各事業年度において支出する交際費等の額(当該事業年度終了の日における資本金の額又は出資金の額(資本又は出資を有しない法人その他政令で定める法人にあつては、政令で定める金額)が1億円以下である法人(法人税法第2条第9号に規定する普通法人のうち当該事業年度終了の日において同法第66条第6項第2号又は第3号に掲げる法人に該当するものを除く。)については、次の各号に掲げる場合の区分に応じ当該各号に定める金額)は、当該事業年度の所得の金額の計算上、損金の額に算入しない。
> 　一　当該交際費等の額が800万円に当該事業年度の月数を乗じてこれを12で除して計算した金額(次号において「定額控除限度額」という。)以下である場合
> 　　零
> 　二　当該交際費等の額が定額控除限度額を超える場合
> 　　その超える部分の金額
> 2　前項の月数は、暦に従つて計算し、1月に満たない端数を生じたときは、これを1月とする。
> 3　第1項に規定する交際費等とは、交際費、接待費、機密費その他の費

---

[3] 平成26年度税制改正大綱においては、交際費等課税の見直しが行われたところです。参考までに下記にその内容を記しておきます(161頁以下参照)。
　交際費等の損金不算入制度について、次の見直しを行ったうえ、その適用期限を2年延長する。①交際費等の額のうち、飲食のために支出する費用の額の50%を損金の額に算入することとする。(注)飲食のために支出する費用には、専らその法人の役員、従業員等に対する接待等のために支出する費用(いわゆる社内接待費)を含まない。
②中小法人に係る損金算入の特例について、上記①との選択適用とした上、その適用期限を2年延長する。

用で、法人が、その得意先、仕入先その他事業に関係のある者等に対する接待、供応、慰安、贈答その他これらに類する行為（第2号において「接待等」）のために支出するもの（次に掲げる費用のいずれかに該当するものを除く。）をいう。
　一　専ら従業員の慰安のために行われる運動会、演芸会、旅行等のために通常要する費用
　二　飲食その他これに類する行為のために要する費用（専ら当該法人の法人税法第2条第15号に規定する役員若しくは従業員又はこれらの親族に対する接待等のためにを支出するものを除く。）であつて、その支出する金額を基礎として政令で定めるところにより計算した金額が政令で定める金額以下の費用
　三　前2号に掲げる費用のほか政令で定める費用
4　前項第2号の規定は、財務省令で定める書類を保存している場合に限り、適用する。

租税特別措置法施行令第37条の5　交際費等の範囲

　法第61条の4第3項第2号に規定する政令で定めるところにより計算した金額は、同号に規定する飲食その他これに類する行為のために要する費用として支出する金額を当該費用に係る飲食その他これに類する行為に参加した者の数で除して計算した金額とし、同号に規定する政令で定める金額は、5000円とする。
2　法第61条の4第3項第3号に規定する政令で定める費用は、次に掲げる費用とする。
　一　カレンダー、手帳、扇子、うちわ、手ぬぐいその他これらに類する物品を贈与するために通常要する費用
　二　会議に関連して、茶菓、弁当その他これらに類する飲食物を供与するために通常要する費用
　三　新聞、雑誌等の出版物又は放送番組を編集するために行われる座談会その他記事の収集のために、又は放送のための取材に通常要する費用

措法61の4③では、「事業に関係のある者等に対する」とあることから、文言上、「支出の相手方」が「事業関係者等」を要件とすることは明らかでしょう。ただ、その範囲が問題です。この点は、(2)で検討します。

　次に、「『接待等』のために『支出する』もの」の意味です。文言を素直に読めば、「支出の目的」が接待等「行為」のためであること、と理解できます[4]。本件控訴審判決もこの見解を採用しています。これに対して、「支出の目的」について、「取引関係の相手方との親睦を密にして取引関係の円滑な進行を図るための（意図）ものであること」とする説があり、これを「修正二要件説」などと呼ぶことがあります。こちらについては、「1－2　英文添削費差額事件」で詳述します。

(2) 支出の相手方～「不特定多数の者」かどうか～

　本件チップについて、その支出の相手方は自己の経営するドライブインに駐車した観光バスの運転手等、つまりドライブインの利用者＝顧客ですので、1つめの要件である「支出の相手方が事業に関係のある者」に該当することには一般的には疑いがないように思われます。

　ここで、後述する「3－1　興安丸事件（レセプション事件）」（東京地判昭和44年11月27日行裁例集20巻11号1501頁）では、「『事業に関係のある者』とは、近い将来事業と関係をもつにいたるべき者をも含み、これを除外する合理的理由はないが、だからといつて、不特定多数の者まで含むものでないことは、右の文言からみても、また、前叙のごとき本条の立法趣旨に徴しても明らかである」としています。ドライブインを訪れるおよそ一般の利用客や観光バスの乗客を母集団とした場合が「不特定多数の者」になることに違和感はないと思われます。問題は、観光バ

4　酒井・課税要件295頁。

スの運転手等だけを母集団とした場合に「不特定多数の者」になるかどうかです。X社は、第一審において「不特定多数の運転手等がその支給対象であり、しかもその支出の事実は直ちに他の運転手等に伝えられて原告の営業の広告宣伝の目的が達せられるから、広告宣伝費に当たる」と主張しています。この点、控訴審及び第一審は、「支出の相手方が控訴会社のドライブインに駐車した運転手等に限られ」などとしていることから、不特定多数の者ではなく、一定の範囲に限定された者というレベルで「事業に関係のある者」であると理解しているようです。

ドライブインの利用客（不特定多数）

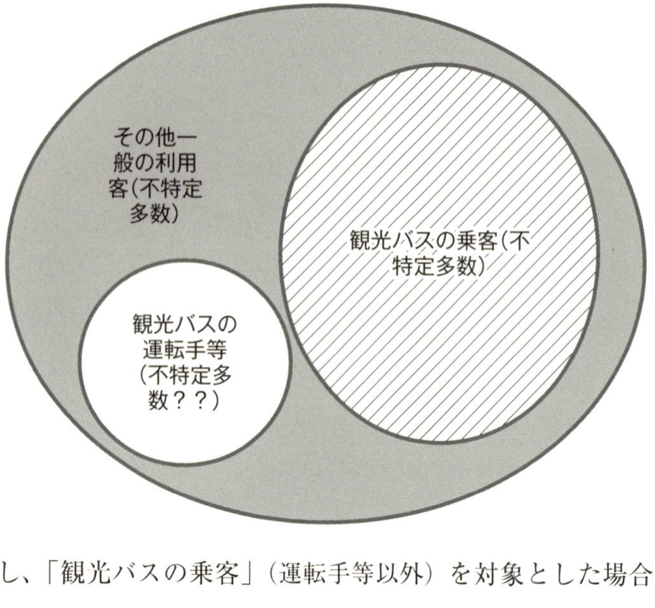

- その他一般の利用客（不特定多数）
- 観光バスの乗客（不特定多数）
- 観光バスの運転手等（不特定多数？？）

しかし、「観光バスの乗客」（運転手等以外）を対象とした場合も、これは「一定の範囲」に限定された者に該当します（上図斜線部）。裁判所は、不特定さの根拠をどのような点に求めているのでしょうか。おそらく、それは「匿名性」[5]ではないでしょうか。仮に、本件チップを交付した観光バスの運転手等との親密度の程度、氏名や所属先の把握の程度もまちまちであり、これまでにどの会社のどの運転手等に合計でいくら

のチップを交付したかまでを完全に把握しているわけではないのであれば、その意味では、観光バスの運転手等にも一定の匿名性があるとはいえるのでしょう。結局は「匿名性」の程度の問題で、観光バスの乗客やその他一般の利用客における匿名性と比較すると、客観的には、観光バスの運転手等における匿名性の程度の方が低いと考えれられますので、このあたりが「不特定多数」の判断になっているのかもしれません。

では、このように「不特定多数の者」は交際費等課税のいうところの「事業に関係のある者等」からは除外されるべきなのでしょうか。

ひとつの考え方として、「不特定多数の者」も「事業に関係のある者等」に含むという説はあり得るでしょう。なぜなら、租税特別措置法の「交際費等」の中には、いわゆる広告宣伝費その他の費用もターゲットに含まれたうえで、一定の除外規定（措令37の5）が用意されているからです。措法61の4③では、「事業に関係のある者等」に対する支出を要件としつつ、措令37の5では、カレンダー等のように、あえて広告宣伝費的なものを除外しているのですから、単に「不特定多数」かどうかが、「事業に関係のある者等」であることの判断基準にはならないという理解です。この理解によると、別の基準から「事業に関係のある者等」かどうかが検討されなければならないでしょう。「不特定多数の者」を理解するに当たっては、以下の通達が参考になります。

---

5 西巻茂『交際費課税のポイントと重要事例』375頁（税務研究会出版局新版・2013）では、「一般消費者、最終消費者、大衆をいい、平たく言えば、行きずりの人です。」とされています。

措通61の4⑴-9　広告宣伝費と交際費等との区分

　不特定多数の者に対する宣伝的効果を意図するものは広告宣伝費の性質を有するものとし、次のようなものは交際費等に含まれないものとする。

⑴　製造業者又は卸売業者が、抽選により、一般消費者に対し金品を交付するために要する費用又は一般消費者を旅行、観劇等に招待するために要する費用

⑵　製造業者又は卸売業者が、金品引換券付販売に伴い、一般消費者に対し金品を交付するために要する費用

⑶　製造業者又は販売業者が、一定の商品等を購入する一般消費者を旅行、観劇等に招待することをあらかじめ広告宣伝し、その購入した者を旅行、観劇等に招待する場合のその招待のために要する費用

⑷　小売業者が商品の購入をした一般消費者に対し景品を交付するために要する費用

⑸　一般の工場見学者等に製品の試飲、試食をさせる費用(これらの者に対する通常の茶菓等の接待に要する費用を含む。)

⑹　得意先等に対する見本品、試用品の供与に通常要する費用

⑺　製造業者又は卸売業者が、自己の製品又はその取扱商品に関し、これらの者の依頼に基づき、継続的に試用を行った一般消費者又は消費動向調査に協力した一般消費者に対しその謝礼として金品を交付するために通常要する費用

(注)　例えば、医薬品の製造業者(販売業者を含む。以下61の4⑴-9において同じ。)における医師又は病院、化粧品の製造業者における美容業者又は理容業者、建築材料の製造業者における大工、左官等の建築業者、飼料、肥料等の農業用資材の製造業者における農家、機械又は工具の製造業者における鉄工業者等は、いずれもこれらの製造業者にとって一般消費者には当たらない。

問題は、この通達（(6)以外）が、

> ① 措法61の4③「事業に関係のある者等」の判断基準となっているのか
> ② 措法61の4③かっこ書（措令37の5）において除外するための判断基準となっているのか

いったい、このどちらなのか、よくわからないところです。「不特定多数の者」を「事業に関係のある者等」に含むとする立場では、この点については、②の除外規定の判断基準と考えるのでしょう。一方で、後述する「3－1 興安丸事件（レセプション事件）」においては、「事業に関係のある者」には「不特定多数の者」を含まない、としています。これは、母集団としての「不特定多数の者」を指すものと思われます。つまり、取引相手の母集団が「不特定多数の者」である場合には、交際費等課税でいう「事業に関係のある者等」には該当しないという理屈です。この立場では、①「事業に関係のある者等」の判断基準となるのでしょう。この点について、「事業に関係のある者等」に「不特定多数の者」を含むとする立場からは次のような反論が想定できます。すなわち、もし、この興安丸事件の理屈を前提とするのであれば、たとえば、一般消費者（不特定多数）を相手とする「カレンダー、手帳、扇子、うちわ、手ぬぐいその他これらに類する物品を贈与するために通常要する費用」を除外規定としてわざわざ明示する必要はないはずであり、法があえてこのように除外規定を明示したのは、やはり、「事業に関係のある者等」には母集団としての「不特定多数の者」をも含む広い概念でとらえるべきであるという反論です。たとえ、不特定多数の者に対する「カレンダー、手帳、扇子、うちわ、手ぬぐいその他これらに類する物品を贈与するため」の費用であっても、「通常要する費用」を超えたのであれば、その部分（あるいは全体）は交際費等に該当するわけですの

で、一応、筋は通っていると言えるでしょう。

　これに対して、「不特定多数の者」は「事業に関係のある者等」に含まないとする説[6]からは、およそ企業は最終的には自己の商品や役務を不特定多数の者に販売・提供することを目的とすることが一般的であることを考えると、「不特定多数の者」は事業に関係があることは当たり前のことで、そうえで、法がわざわざ「得意先、仕入先その他事業に関係のある者等」と規定しているのであるから、「不特定多数の者」は「事業関係者等」に該当しないという反論が想定されます[7]。この立場によれば、措令37の5②のカレンダーや措通61の4(1)-9（広告宣伝費と交際費等との区分）は、「確認規定[8]」という捉え方になるのでしょう。

　なお、本件チップの交付先である運転手等は、たしかに「一般消費者」の一部には違いありませんが、一般観光客をも含む、現実にドライブインを利用する者全体からすれば、やはり「特定」の者である[9]と思われますので、「不特定多数の者」とは言えません。この点、観光バスの運転手等にだけではなく、観光バスの乗客やその他一般のドライバー達にも本件チップを交付していたのであれば、結論は異なったかもしれ

6　高梨論文24頁、酒井・租税法235頁
7　高梨論文25頁は、「交際費等の目的は、前述の如く『当該支出の相手方との間の親睦、交流の度を密にして、外部との取引または内部人事関係の円滑な進行を図ること』であり、この『親睦、交流』という文言自体、その相手方の個性、立場に着目して、他の者とは異なる取引ないし人間関係を維持ないし創設しようとするある意味では他と区別された特殊的友好関係という閉鎖圏の形成を予定するものといえるのである。」とし、「事業に関係のある者等」からは「不特定多数の者」を除くべきとしています。
8　「専ら従業員の慰安のために行われる運動会、演芸会、旅行等のために通常要する費用」について、「改正経緯から見ると創設的規定と言わざるをえない。」（吉牟田論文143頁）。
9　なお、高梨論文37頁では、当該ドライブインに駐車した相当数の協定会社以外のバスの運転手等にもチップを交付していることから、「支出の相手方全体とすれば不特定ということになる」としています。「不特定のバス」の運転手等（この時点ではたしかに全体から見れば特定）にチップを交付することで、結果的にそれらのバスに乗車している「不特定多数」の者をドライブインに誘導できる効果を持つ、という発想であると思われます。つまり、「支給対象」は運転手等ですが、購買層はバスの乗客等も含みますので「不特定多数」であるという考え方です。

ません。

(3) 対価性の有無〜寄附金該当性〜

　第一審では、本件チップが「対価性のない支出」であり、その目的は運転手等に対する「接待」であることが明らかである、としています。つまり、接待等「行為」の該当性の根拠を「対価性の有無」に求めていると理解できるのです。控訴審においても、「右の支出により運転手等の歓心を買い今後も控訴会社のドライブインに駐車してくれることを期待するもので、客誘致のためにする運転手等に対する接待の目的に出たものと認めるのが相当である」、「運転手がそのドライブインからチップを支給されることの対価として其処に駐車し乗客を誘導するものとは直ちに認めがたい」などと判示していることから、本件チップの効果については、単なる「期待感」が存在するに過ぎず、そこにはおよそ明確な「対価性」は見受けられず、よってその目的は運転手等の歓心を引くための「接待」であると考えていると理解できます。したがって、「接待、供応、慰安、贈答その他これらに類する行為」の有無の判断要素のひとつとして、「対価性」の有無を重視していると言えます。

　しかし、対価性の有無が本当に交際費等該当性の決め手になるのでしょうか。対価性の有無の観点からは、交際費等と寄附金（法法37）との区分が実務上よく問題[10]になることがありますので、ここで、本件チップについて、寄附金（法法37）としての該当性を検討することにします。

　法人税法第37条第7項では、「寄附金の額は、寄附金、拠出金、見舞金その他いずれの名義をもつてするかを問わず、内国法人が金銭その他

10　そもそも費用性のある交際費等が措置法において原則全額損金不算入で、なぜ、費用性のない寄附金が本法で一定の損金算入限度額が認められているのか、という疑問について、今村隆「課税訴訟における要件事実論の意義」（税大ジャーナル第4号1頁、18頁）参照。

の資産又は経済的な利益の贈与又は無償の供与（広告宣伝及び見本品の費用その他これらに類する費用並びに交際費、接待費[11]及び福利厚生費とされるべきものを除く[12]。次項において同じ。）をした場合における当該金銭の額若しくは金銭以外の資産のその贈与の時における価額又は当該経済的な利益のその供与の時における価額によるものとする。」と規定されています。「贈与」や「無償の供与」のように対価性のない[13]行為がもたらす現金支出については、それが収益獲得との因果関係が明確ではないため、法人の収益を生み出すのに必要な費用といえるかどうかの判定が極めて困難であり、もし、それが事業に関連を有しない場合は、利益

---

11 措法61の4③では「交際費等」としているが、ここでは単に「交際費」や「接待費」という表現から、形式的には「交際費等」よりも狭い概念を指すのかという指摘が考えられます。寄附金課税のフィルターを通過したうえで除外される「交際費、接待費」はそもそも「対価性」がない取引を前提としていますので、やはり、措置法で定義されている「交際費等」よりも範囲が狭いと考えるのが妥当でしょう。

　この点、「交際費等については、取引関係者に金銭等を贈答することによって、その緊密化を期待し事業遂行の円滑化を図るという点にある。しかして、同項かっこ書（筆者注：現行の法人税法37条7項かっこ書）にいう贈与等による財産的給付による広告宣伝費、交際費等、福利厚生費等の各費用の支出の対価性は、例えば、マスコミによるコマーシャル費用や取引関係者を接待する場合などの直接的な反対給付の伴う対価性とは異なり、その享受する対価の内容は抽象的であるということができる。」（大淵318頁）ので、法人税法37条7項かっこ書で除外される「交際費、接待費」は、本件チップのように対価関係が希薄、抽象的であるものがまさにターゲットとなるでしょう。

12 これらの費用が除外されるのは、「広告宣伝費等の支出は、その費用としての性格が明白であるため、全額を損金に算入することとして差し支えがないからである。」（東京地判平成19年6月12日税資257号順号10725）。また、谷口・講義433頁では、「寄附金からは、①広告宣伝費および見本品の費用その他これらに類する費用、ならびに②交際費、接待費、および③福利厚生費とされるべきもの、が除かれる（37条7項括弧書）。これらは、寄附金に関する別段の定めから除外されているので、原則に立ち返って、それぞれの内容に応じて、法人税法22条3項の規定によって、損金に算入されることになる。これらの除外項目には費用性(収益との対応関係ないし事業関連性)（傍点筆者）が認められるのである。」としたうえで、「交際費、接待費については、費用性が少ないものや曖昧なものがあることに加えて、法人の冗費・乱費の抑制、内部留保の充実・財務体質の改善などの政策的考慮から、別途、損金算入制限が租税特別措置法によって定められている。」とされています。

13 「『無償』とは、対価またはそれに相当する金銭等の流入を伴わないことを意味すると解すべきであろう。」（金子・租税法344頁）。

14 金子・租税法342頁。

処分の性質をもつと考えるべきです[14]。本質的には、寄附金とは、利益処分であり、事業関連性及び対価性のない支出であると定義づけることができます。したがって、「事業に関係のある者等」に対する対価性のない支出は、寄附金には該当しないでしょう[15]。しかし、ある支出について、個別に費用性や利益処分性を判断するのは困難であるため、法人税法は統一的・形式的な損金不算入規定を設けている[16]とされています。その結果、事業関連性が不明瞭なもの[17]についても、一定程度、損金算入されることになります。一定の除外規定が設けられているのは、費用性があるものについては、原則どおり法人税法第22条第3項で損金算入する必要があるからです[18]。以下に法人税法第37条第7項のイメージを図示しました。

---

15 しかし、現行の課税実務では、子会社等に対する資金援助等について、寄附金に該当するかどうかの判断基準を設けています（法基通9－4－1等）。
16 金子・租税法342頁、谷口・講義435頁、岡村・講義158頁。
17 さいたま地判平成20年1月30日税務訴訟資料258号順号10878は、従業員の懇親会費用につき、「その額の相当性の確認ができないのであるから、原告の業務との関連が明らかでないか、交際費等に該当すると判断せざるを得ない。」としていますが、疑問です。
18 谷口・講義434頁。

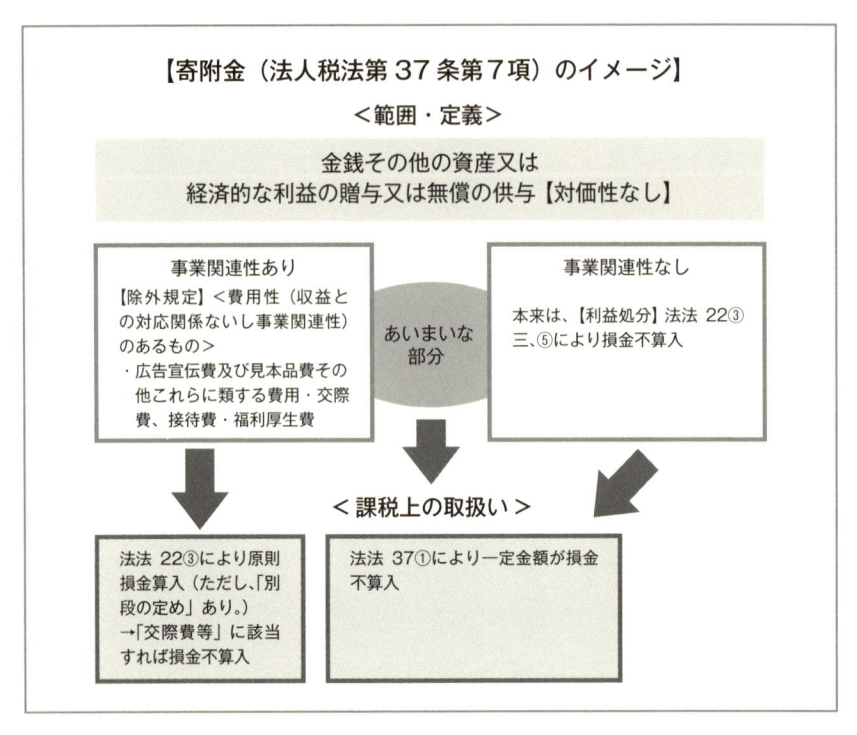

【寄附金（法人税法第37条第7項）のイメージ】

＜範囲・定義＞

金銭その他の資産又は
経済的な利益の贈与又は無償の供与【対価性なし】

事業関連性あり	あいまいな部分	事業関連性なし
【除外規定】＜費用性（収益との対応関係ないし事業関連性）のあるもの＞ ・広告宣伝費及び見本品費その他これらに類する費用・交際費、接待費・福利厚生費		本来は、【利益処分】法法22③三、⑤により損金不算入

＜課税上の取扱い＞

法法22③により原則損金算入（ただし、「別段の定め」あり。） →「交際費等」に該当すれば損金不算入	法法37①により一定金額が損金不算入

　つまり、明らかに事業関連性がないとはいえない対価性のない取引について損金算入を検討するのであれば、まずは、

① 法人税法第22条第3項第3号の販売費管理費として原則損金算入されますが、

② 別段の定めである「金銭その他の資産又は経済的な利益の贈与又は無償の供与」として、寄附金課税の対象として考えつつ、

③ 同時に交際費等該当性も検討することになります。

　このようなプロセスをたどると、対価性がないことを理由に交際費等であると判断した第一審はそのプロセスにおいて妥当ではないと考えます。仮に、対価性があろうかなかろうが、本件チップが「接待、供応、慰安、贈答その他これらに類する行為のために支出するものである」かどうかを検討すべきであったと考えます。一方、控訴審は「対価として

其処に駐車し乗客を誘導するものとは直ちに認めがたいところであるから、その間に対価関係ありとして本件手数料ないし仲立的媒介手数料に該当するものとする控訴人の主張はにわかに採用しがたい。」とは判示しているものの、実際の判決文ではこのくだりに入る前に「右の支出により運転手等の歓心を買い今後も控訴会社のドライブインに駐車してくれることを期待するもので、客誘致のためにする運転手等に対する接待の目的に出たものと認めるのが相当であるから、交際費等に該当するというべきである」と判示していることから、対価性の有無が交際費等該当性の決め手になっているかどうかは定かではありません。

また、法人税法第37条第8項では以下のように規定されています。

> **法人税法第37条第8項**
> 　内国法人が資産の譲渡又は経済的な利益の供与をした場合において、その譲渡又は供与の対価の額が当該資産のその譲渡の時における価額又は当該経済的な利益のその供与の時における価額に比して低いときは、当該対価の額と当該価額との差額のうち実質的に贈与又は無償の供与をしたと認められる金額は、前項の寄附金の額に含まれるものとする。

つまり、対価性があったとしても低額譲渡のような場合には、本規定により寄附金として取り扱われることになります。まとめると、対価性のない取引及び低額譲渡等についての損金算入の可否は26頁のプロセスに沿って検討することになるでしょう。

これに関連する具体的事例としては、「3－12　固定資産の交換差金が交際費等とされた事例」をご参照ください。

（4）本件チップの損金算入の可否
① 通達へのあてはめ

次に、本件チップについて、現行の通達に照らして、損金算入される余地があるかどうか考察します。

X社は本件チップの支出により、運転手等が今後も自己の経営するドライブインに駐車することを期待していたのですから、明確な対価性がなかったとしても、一定の販売促進効果は見込まれたと言えるでしょう。交際費等と販売促進費の区分については、措通61の4⑴－7が参考になります。

> **措通61の4⑴－7　事業者に金銭等で支出する販売奨励金等の費用**
> 　法人が販売促進の目的で特定の地域の得意先である事業者に対して販売奨励金等として金銭又は事業用資産を交付する場合のその費用は、交際費等に該当しない。ただし、その販売奨励金等として交付する金銭の全部又は一部が61の4⑴－15の⑸に掲げる交際費等の負担額として交付されるものである場合には、その負担額に相当する部分の金額についてはこの限りでない。
> （注）　法人が特約店等の従業員等（役員及び従業員をいう。以下同じ。）を被保険者とするいわゆる掛捨ての生命保険又は損害保険（役員、部課長その他特定の従業員等のみを被保険者とするものを除く。）の保険料を負担した場合のその負担した金額は、販売奨励金等に該当する。

第一審及び控訴審においては、本件チップの具体的な対価性の有無について問題としているところ、特段、それが販売促進の目的ではないとまでは言及していません。

その行為がたとえ「接待」であったとしても同時に一定の「販売促進」目的を有していること自体は相反するものではなく、むしろ普通は「販売促進」効果を期待していることでしょう[19]。本件チップを措通61

の4⑴－7本文に照らすと、交際費等に該当しないのではないかという疑問がもたれるところです。

　ここで重要なのが、販売奨励金として交付する金銭は「事業者」に対するものであるということです。「事業者『等』」ではなく、「事業者」と言い切っている点が重要です。解釈に幅をもたせていません。言いかえれば、事業者のふところに直接入るもの、収益に計上されるものであるということです。このような費用が交際費等に該当しないことについては、取引当事者間における金銭の授受は取引金額の修正という性格であるから単なる金銭の贈答ではない、という説明[20]がされています。本件チップについては、「事業者」ではなくバスの運転手らに交付されているため、本通達の適用はないでしょう。しかし、本件チップが直接事業者に交付されていたり、いったんバスの運転手らが受け取っていたとしても、最終的に事業者の手に渡っていた場合には、結論は異なったかもしれません。

　次に、措通61の4⑴－15(9)を確認します。

措通61の4⑴－15　交際費等に含まれる費用の例示
　次のような費用は、原則として交際費等の金額に含まれるものとする。ただし、措置法第61条の4第3項第2号の規定の適用を受ける費用を除く。
(9) 　得意先、仕入先等の従業員等に対して取引の謝礼等として支出する金品の費用（61の4⑴－14に該当する費用を除く。）

　本件チップの支払先である運転手等については、「得意先、仕入先等

---

[19] 「交際費等は、取引先の役員又は使用人等との親睦の度を深め、その歓心を買うことによって取引関係の円滑化を図り、ひいては販路の拡大を図ることを目的として支出するものであるから、まさに販売促進費の最たるものであって、決して冗費とはいえないのであろうから、冗費かどうかは個々の企業の立場からいってるのではなく、むしろ社会全体からみるべきであろう。」（駒崎他・交際費8頁）。

[20] 若林論文75頁。

の従業員等」の範囲に含めて差支えないでしょう。また、本件チップは運転手等に100円から300円の現金を交付されていたことから、「支出する金品の費用」に該当します。次に「取引の謝礼等」です。X社と運転手等との間に明確な「取引」の存在が要件となるのかどうかということです[21]。措通61の4(1)-22では、下記の通りとなっています。

> **措通61の4(1)-22　交際費等の支出の相手方の範囲**
> 　措置法第61条の4第3項に規定する「得意先、仕入先その他事業に関係のある者等」には、直接当該法人の営む事業に取引関係のある者だけでなく間接に当該法人の利害に関係ある者及び当該法人の役員、従業員、株主等も含むことに留意する。

「当該法人の営む事業に取引関係のある者だけでなく間接に当該法人の利害に関係ある者」を交際費等の支出の相手方の範囲に含めていることから、支出の相手方との直接的な取引関係の有無は問われないことになるでしょう[22]。

このように考えると、本件チップについては、現行の通達の考え方に照らせば「交際費等」として取り扱われることになるでしょう[23]。

21　国税不服審判所平成14年5月21日裁決（裁決事例集63集431頁）では、旅行会社が、自社の主催する旅行の運行を依頼したバス会社のバス乗務員へ支払われた心付けについて、交際費等に該当するとしています。この裁決事例でも、旅行会社と乗務員の間には「取引」はありません。

22　国税不服審判所昭和48年3月19日裁決（裁決事例集6集65頁）では、食料品卸売業者（法人）が、自己の得意先であるレストラン等のコック等に支払ったリベート（コック等の懐に直接入る性格のもの）について、「取引の相手である事業者そのもの」に支払ったのではないとしつつ、「売上拡大増加を図るためのもので、取引の謝礼に相当するものであること」を理由に、当該リベートを交際費等としています。食料品卸売業者とコック等との間には直接的な「取引」（売買契約等）はないにしろ、間接的に日常の取引に少なくない影響を与える者であることは容易に想像できますので、この裁決における「取引」は直接的なものには限定されず、比較的幅広く解釈しているといえそうです。

23　措通61の4(1)-(14)に該当する費用については、「交際費等」から除かれるとされていますが、措通61の4(1)-(14)は「製造業者又は卸売業者」とあることから、仮に、チップの金額が、一定期間内の駐車回数等により、あらかじめ定められていたとしても、X社はこの除外規定の適用を受けることができません。

② 措令37の5②一へのあてはめ

「〜を除く」という文言は、この文言がなければ含まれているという意味になります。しかし、ここでも「事業に関係のある者等」で見たように、確認規定か創設規定なのかという疑問[24]が生じます。

創設規定の立場によると、措法61の4③や措令37の5の存在より、「接待、供応、慰安、贈答等」に該当し、かつ、広告宣伝費等にも該当する場合も想定されていることになります。しかし、本件チップは「金銭」の交付であるため直接的には「カレンダー、手帳、扇子、うちわ、手ぬぐいその他これらに類する物品を贈与するために通常要する費用」にはあてはまりません。そうすると、そもそも支出の目的が接待等「行為」でないことが損金算入されるための要件となりますが、本件については、金銭の「贈答」[25]行為を行うことにより自社のドライブインに駐車してもらうことを期待していますので、やはり「交際費等」に該当することとなります。

一方、確認規定の立場からはどうでしょうか。措令37の5第2項1号は単に「交際費等」に該当しないものを例示したに過ぎないのですから、この例示に直接あてはまらないからといって、「交際費等」に該当するとは言い切れないでしょう。

(5) 本判決の射程

本件チップが仮に対価性のあるものであれば結論はどうなるのでしょうか。突き詰めて言えば、本件チップが運転手等に一定の成果物を要求し、それがなければ債務不履行の問題が発生するような場合には、本件

---

24 現行の交際費等課税に関する通達についても、そもそも確認規定なのか創設規定なのかが不明なものが多く見受けられます。
25 類似の事案である、国税不服審判所裁決昭和52年3月31日（裁決事例集13集69頁）においても、観光バス会社等の運転手等に対する駐車誘致費を「謝礼すなわち贈答」に該当する、としています。

チップが損金算入される余地はあるのではないでしょうか（そうなると「チップ」という言葉は不適切と言えます。）。

1-2 英文添削費差額事件

東京高判平成15年9月9日（判時1834号28頁、判タ1145号141頁）
東京地判平成14年9月13日（税資252号順号9189）

1 事案の概要

(1) 医家向医薬品の製造販売業を行う株式会社である原告（以下「X社」という。）は、自己の取引先である病院の医師等から英文添削の依頼を受け、その添削業務をアメリカ合衆国所在の法人3社に外注していました。

(2) X社は医師等から英文添削費を受領していましたが、外注先に支払う外注費は受領する英文添削費の3.7倍から5.1倍にも上る金額であり、結果としてこの差額（以下「本件負担額」という。）はX社が負担していました。

(3) Y税務署長は、本件負担額につき、「この負担額は、次のことから、病院等の医師等との関係を円滑にすることを目的として負担されたものと認められ交際費等に該当します。」と理由附記したうえで、X社の平成6年3月期から平成8年3月期の法人税について、平成9年6月30日付けで、それぞれ更正処分（以下「本件更正処分」）をしました。なお、交際費等に該当する理由として下記のように記載されていました。

ア 「貴社が医師等から受領した英文添削料金と貴社がこれらの添削のため支出した外注費との間に、著しく開差があり、英文添削を依頼した医師等に対して、経済的利益を供与している」こと、

イ 「英文添削の依頼者である医師等は、貴社の医薬品の納入先に勤務する者で、医薬品の処方ができる資格を有している者であり、購入

する医薬品の決定に影響力を行使しうる立場にある者、または、その者の指導下にある者である」こと、
ウ 「依頼者の医師等は、貴社の医薬情報担当者の業務である医薬情報の収集に関する情報を有する者であり、それらの医薬品等の情報を提供しうる者である」こと、
エ 「貴社の英文添削サービスは、一般的に開示されたものでなく貴社の医薬情報担当者が窓口となり個々に依頼を受けることから、英文添削の依頼ができる者は、貴社の取引先に限られている」こと
(4) X社は、平成9年8月26日、本件更正処分を不服として国税不服審判所に審査請求をしましたが、国税不服審判所長が同日の翌日から起算して3か月を経過するも、これに対する裁決をしなかったことから、本件訴訟を提起しました。

2 当事者の主張

(1) 第一審（東京地判平成14年9月13日）
① X社
ア 交際費等と寄附金との区別
「本件においては、原告が研究者から受領した添削料金が…に支払った添削料金より低額であったことから、その差額の性質が、措置法61条の4第1項に規定する『交際費等』又は法人税法37条6項に規定する寄附金のいずれに該当するかが問題となる」
「法人税法37条2項は、寄附金についての損金算入限度額を定めており、この規定は、法人の支出した寄附金に、事業に関連するものとそうでないものが含まれていることから、一定の画一的基準によって限度額を定めて、事業経費を超える部分について損金算入を否認する

趣旨によるものと解されている。そうすると、事業に関連する支出が寄附金に含まれることは、法が予定しているというべきであるから、原告に英文添削を依頼した研究者が事業関係者に該当するか否かによって、『交際費等』と寄附金とを区別することはできない。

　そして、法人税法37条6項が、広告宣伝費、見本品の費用、交際費、接待費等を寄附金から除外しており、費用性が明らかな贈与又は無償の供与について、寄附金から除外する趣旨の規定と解されること、措置法61条の4第3項が、『交際費等』について、『交際費、接待費、機密費その他の費用』と規定していることに照らせば、『交際費等』と寄附金との区別は、費用性が明らかであるか否かによって行われるべきである。」

イ　交際費等の定義

　「したがって、支出が『交際費等』に該当するためには、当該支出が『交際費、接待費、機密費その他の費用』であること、すなわち、費用性を有することが明らかであることが必要であり、費用性が明らかであるというためには、取引関係の円滑な進行を図るために支出するという意図の下に行われるばかりではなく、接待、供応、慰安、贈答その他これらに類する行為（以下『接待等』という。）が、その相手方において、当該支出によって利益を受けていると認識できるような客観的状況の下に行われることが必要である。」

　「また、仮に、相手方が事業関係者に該当することが『交際費等』の要件であるとしても、『交際費等』に該当するためには、このことに加え、支出の目的が接待等を意図していることが必要であり、支出の目的が接待等を意図しているか否かについては、さらに支出の動機、金額、態様、効果等の具体的諸事情を総合的に判断しなければならないから、相手方が事業関係者に該当するか否かとは別に、これら

の諸事情を検討した上で、支出の目的が接待等を意図しているか否かを判断することが必要である。」

ウ　本件負担額へのあてはめ

　a　添削依頼者の事業関係者性

「我が国の医療施設において、医薬品の購入は、各医局の長が申請して、各医局の代表者が構成する薬事審議会等の議決機関で決定されることにより行われ、医薬品の処方についても、医局の長が大きな権限を有しているのに対し、原告に英文添削を依頼していたのは、病院等ではなく、医薬品の購入について何らの決定権限も有していない個々の研究者であった。

また、原告は、我が国において医学、薬学の分野で高水準の研究を行っていると考えられる合計96の大学及び医療機関を選定し、それらの施設に所属する研究者であれば、医薬品を処方する臨床医師に限らず、研究論文の添削の依頼を受けていたのであり、このような研究者の中には、原告の取引先となる可能性のない教室に所属する研究者や、留学生が含まれていたものである。

このように、原告に英文添削を依頼した研究者は、原告の取引に関係のない者であるから、事業関係者に該当しないというべきである」

　b　支出の目的

「原告は、概して英語力が不足している日本の研究者の優れた研究について、海外で発表する機会を増やし、十分な評価を得られるための助力を行うことが、外資系企業である原告が日本の医学の発展に貢献する手段であると考えて、本件英文添削を行ったものであって、研究者との親密の度合いを深めたり、取引の円滑を図るために行ったものではない。」

「本件英文添削は、前記のとおり、原告が、概して英語力が不足している日本の研究者の優れた研究について、海外で発表する機会を増やし、十分な評価を得られるための助力を行うことが、日本の医学の発展に貢献する手段であると考えて行ったものであるから、その目的は、研究者の援助であって、明らかな費用性を有するものではなく、接待等を目的とするものでもない。

　また、本件英文添削は、大学の付属病院の研究者であれば、原告の製造する処方薬を使用しない病理、病態代謝学、麻酔、リハビリテーション学等の教室に所属する研究者や、医師免許を有しない留学生であっても、何ら差別することなく依頼を受けていたことに照らしても、明らかな費用性を有するものではなく、その態様において接待等を目的とするものでもないことが明らかである。」
c　相手方の客観的な認識
　「他方、原告は、本件英文添削について、公正取引協議会の指導の下に、国内の英文添削業者の平均的な料金を徴収していたのであるから、本件英文添削が、その相手方において、本件負担額によって利益を受けていると認識できるような客観的状況の下に行われたものでないことも明らかである。」
d　結論
　「以上のとおり、原告の本件英文添削は、明らかな費用ということができず、接待等を目的とするものではないから、本件負担額は、寄附金に該当し、『交際費等』に該当しないといわざるを得ない。」
② **Y税務署長**
ア　交際費等と寄附金との区別
　Y税務署長はこの点につき、特に言及はしていません。

イ 交際費等の定義

「交際費等は、一般的にその支出の相手方及び支出の目的からみて、得意先との親睦を密にして取引関係の円滑な進行を図るために支出するものと理解されるから、当該支出が交際費等に該当するには、〔1〕支出の相手方が事業に関係のある者であることと、〔2〕支出の目的がかかる相手方に対する接待、供応、慰安、贈答その他これらに類する行為のためであることが必要である。」

「『接待、供応、慰安、贈答』は、いずれも相手方との親睦の度を密にしたり、相手方の歓心を買うことによって、取引関係の円滑な進行を図る行為の例示であるから、同条項に規定する接待等には、その名目にかかわらず、取引関係の円滑な進行を図るためにする利益や便宜の供与が広く含まれるというべきである。

また、支出の目的が接待等のためであるか否かの認定については、当該支出の動機、金額、態様、効果等、具体的事情を総合的に判断しなければならないのであって、当該支出の目的は、支出者の主観的事情だけではなく、外部から認識し得る客観的事情を総合して認定すべきである。」

「『交際費等』は、得意先等との親睦を密にして取引関係の円滑な進行を図るために支出するものであるから、その『交際費等』を支出して交際行為を行うことにより、支出者と交際の相手方との間の親睦が密となり、もって取引関係の円滑な進行が図られる関係が存すれば足りるのであって、交際の相手方が支出者の負担を認識した上、これに対して感謝や歓心を抱くことは必要でない」

ウ 本件負担額へのあてはめ

a 添削依頼者の事業関係者性

「医師は医業を独占し（医師法17条）、患者に対する薬剤の処方や

投与は医業に含まれるから（医師法22条）、医師は、原告のような製薬会社にとって、『事業に関係ある者』に該当するというべきである。

　しかも、本件英文添削は、一般の病院等に広告されていたものではなく、原告のＭＲが医薬品の納品先である大学病院等を訪問した際に、医師等から添削を依頼された原稿を対象に行なわれていたのであって、本件英文添削の依頼者は、原告の医薬品の納品先である病院等に勤務する医師等に限られていたのであるから、原告に本件英文添削の依頼を受けた医師等が原告の『事業に関係ある者』に該当することは明らかである。」

　「『事業に関係ある者』という要件が、法人の事業と何らかの関係を有する者を広く含むものであることは、その文理上明らかであり、裁判例においても、その文理どおり広く解されているのであって、原告が主張するように、病院等において医薬品の購入や処方を決定し得る者のみが原告の『事業に関係ある者』であるとすることは、相当でないというべきである。」

ｂ　支出の目的

　「原告が本件英文添削の依頼を受けていた医師等は、原告の医薬品の納品先である病院等に勤務する医師等に限られているところ、このことは、本件負担額の支出が、原告の医薬品の納品先である病院等に勤務する医師等に利益を供与することにより、医薬品の販売に係る取引関係を円滑に進行する目的で行われたことを示す、決定的な事実というべきである。」

　「原告が本件英文添削の依頼を受ける医師等を『それらの施設に属し、原則としてその場において行われた研究に関して英語の論文を作成した者』に限定したのは、原告の医薬品の納品先である病院

等に属する医師等による研究であっても、当該病院内部で行った研究ではなく、当該病院等の教室や医局の業績として評価されないものについては、英文添削の依頼に応じたとしても、主任教授ら当該病院等の関係者の歓心を買うことができないからであり、このことに照らしても、本件負担額の支出の目的は、医薬品の販売に係る取引関係を円滑に進行することにあったというべきである。」

　c　外部から認識し得る客観的事情

「製薬会社である原告が、このような質の高い英文添削サービスを国内の翻訳業者と同程度の価格で提供していることを、医師等が認識できるような客観的状況が存在する以上、医師等が、原告が研究者から受領した英文添削費と原告が外注先に支払った英文添削費との間に差額が生じていることを認識していたか否かにかかわらず、本件負担額の支出が、原告から利益を受けていると認識できるような客観的状況の下に行われたものと認めることができる。

したがって、本件負担額の支出については、医師等が上記の差額が生じていることを認識していたか否かにかかわらず、医薬品の販売に係る取引関係を円滑に進行することを目的としたものと認めることができ、さらに、医師等が原告と国内翻訳業者の英文添削の質の違いを認識していたとすれば、医師等は、原告による本件負担額の負担を認識していたものと推認することができる。」

（2）控訴審（東京高判平成15年9月9日）

①　X社

　ア　交際費等の定義

「措置法61条の4の『交際費等』に該当するか否かは、同条3項の規定により、支出の相手方が事業関係にある者といえるか否か、及

び支出の目的が接待、供応、慰安、贈答その他これらに類する行為を意図するものであるか否かによって判断される。そして、支出の目的が接待、供応、慰安、贈答その他これらに類する行為を意図するものであるか否かは、当該支出の動機、金額、態様、効果等の具体的事情が総合的に判断されなければならない。また、交際費等は、一般的に、支出の相手方及び目的に照らして、取引関係の相手方との親睦を密にして取引関係の円滑な進行を図るために支出するものと理解されている。そうすると、支出の相手方が事業関係者といえるか否かの判断では、かかる相手方と親睦を密にして取引関係の円滑な進行を図ることができるか否か、また、かかる支出が、その相手方と親睦を密にして取引関係の円滑な進行を図るためといえるか否かが検討されなければならない。」

イ　本件負担額へのあてはめ

　a　添削依頼者の事業関係者性

「本件でこれをみるに、控訴人が英文添削費用の差額を負担した者の多くは大学の医学部又は医科系大学に所属する研究者であるが、その中には、控訴人が製造・販売する医薬品の処方に携わらない基礎医学の研究者や、処方権限のない留学生、研修医、大学院生、大学又は付属病院の職員でない医員、さらに、付属病院が新たに医薬品を購入する際に全く関与しない者が多く含まれている。このような研究者は、いくら親睦を密にしても取引の円滑を図ることはできないのであって、事業関係者ということはできず、したがって、控訴人が英文添削料の差額を負担した者の大半は、事業関係者に該当しない。また、その余の処方権限を有する医師についても、特に厳しい倫理が求められる大学の付属病院において、控訴人が英文添削の依頼を受けたことにより処方や新たな医薬品の購入決定が

左右されるものではない。したがって、処方権限のある医師も事業関係者に当たるということはできない。」

　b　支出の目的

　「控訴人は、本件英文添削を学術の発展による社会公共の利益の増進を目的として行ってきたものであって、接待、供応、慰安、贈答その他これらに類する行為のためではない。そのことは、次の事実から明らかである。

　控訴人の英文添削は、昭和59年まで控訴人の研究開発本部に在籍していたＡ博士が、好意により研究者の英語論文の添削をしていたことに端を発し、英文添削を控訴人が会社として行うようになったものである。その後、医療用医薬品卸売業公正取引協議会（公正取引協議会）の指導の下、国内の添削業者の平均的な料金を徴収するようになったが、当初の目的はそのまま維持されていた。このような料金の徴収により、英文添削の依頼者は、控訴人が差額を負担していたことを知らなかったし、控訴人の英文添削はその質において優れたものであったが、そのことを研究者が認識していたわけではなく、それにより研究者に好印象をあたえるとか、歓心を買うことが期待できる状況ではなかった。また、研究者の大半は、数年に1度しか論文を発表しないのであるから、英語論文の添削により、控訴人の医薬情報担当者（ＭＲ）が頻繁に研究者に面会できるという状況でもない。なお、控訴人が添削の依頼を受けていたのは、全国の病院数が、平成7、8年当時、9,000以上あり、かつ、そのほとんどが控訴人の取引先であったにもかかわらず、81の大学と15の施設のみであり、いずれも高度な研究が行われている機関である。

　大学の付属病院に勤務する医師は、高い倫理観に基づき、患者のために最もよいと考えられる医薬品を処方する。控訴人が英文添削

を行ったからといって処方を左右できるものではない。まして、基礎医学を研究する者の英文添削を引受けたからといって、医薬品を処方する医師が倫理規範に反して控訴人の製造・販売する医薬品を処方することは期待できない。また、控訴人が英文添削の依頼を受けた研究者の中には、患者を診療しない基礎医学を研究する者や、処方権限がない大学院生・医員・留学生等が多数含まれている。控訴人は、処方権限の有無や医薬品の購入申請への関与の有無等を何ら区別をせずに、英文添削の依頼を受けていた。そして、投稿した論文が雑誌に掲載されるか否かは、研究内容によるのであるから、自己の論文が雑誌に掲載された研究者が、国内業者の平均的な料金を支払って添削を依頼した控訴人に対して、ことさらに好感情を抱くことは期待できない。なお、控訴人に添削を依頼した研究者の大半が添削料金は支払ったものの、その論文が雑誌には掲載されることなく終っている。英文添削によって、好印象を抱かせたり、歓心を買ったりということは期待できない。

以上のような状況の下、控訴人が英文添削の依頼を受け、添削料金の差額を負担し続けたのは、良質の添削を提供することにより、真に優れた研究が世界的な場での発表の機会を得ることなく終ることがないようにと考えたからである。」

c 相手方の客観的な認識

「支出の相手方である研究者は、控訴人が英文添削料の差額を負担していることを知らず、利益を受けたことの認識がなかったのであるから、控訴人の支出は、『接待、供応、慰安、贈答』あるいは『これらに類する行為』にも該当しない。

このように処方権限もない者や、基礎医学等の臨床に関与しない講座の研究者も対象とし、かつ、差額の負担を支出の相手方が認識

していないという事実や、添削を依頼した研究者は、正当な対価を支払って役務の提供を受けたと認識していることからすれば、控訴人の添削料の差額負担によって、親睦の度合いが密になるということもない。」

　d　結論

「したがって、本件英文添削に要した費用は、取引の相手方との親睦の度合いを密にするために支出する『交際費、接待費』ということはできず、かつ『機密費』にも該当しない。そして、相手方が利益を受けたと認識していない行為によって、控訴人の医薬品の売上が増加するとは考えられないことであるから、本件の差額の負担が収入を得るのに必要な支出である『費用』であるとは考えられず、『その他の費用』にも該当しない。」

②　Y税務署長

ア　交際費等の定義

「措置法61条の4第1項に規定する『交際費等』は、企業会計上ないし一般通念上の交際費概念よりも相当広い概念であり、租税法上の固有概念である。そして、その『接待、供応、慰安、贈答』は、いずれも相手方の歓心を買うことによって相手方との親睦の度を密にしたり、取引関係の円滑な進行を図る行為の例示であり、その名目にかかわらず、取引関係の円滑な進行を図るためにする利益や便宜供与が広く含まれる。

そして、ある支出が『交際費等』に該当するためには、〔1〕支出の相手方が事業に関係のある者であることと、〔2〕支出の目的がかかる相手方に対する接待、供応、慰安、贈答その他これらに類する行為のためであれば足り…」

イ　本件負担額へのあてはめ

a　添削依頼者の事業関係者性

　「『事業に関係ある者』とは、直接及び間接に当該法人の事業に関係ある者や将来事業に関係を持つに至るべき者を含むというべきであり、その範囲は相当に広い。」

　「控訴人と医師等は、医療情報の伝達を介しての必然的な関係が存するのであって、医師等が控訴人の『事業関係者』に当たることは明らかである。」

　b　支出の目的

　「『接待、供応、慰安、贈答』は、いずれも相手方との親睦の度を密にしたり相手方の歓心を買うことによって取引関係の円滑な進行を図る行為の例示と解すべきであって、『その他これらに類する行為』とは、その名目のいかんを問わず、取引関係の円滑な進行を図るためにする利益や便宜の供与を広く含む概念であると解される。」

　「医師等が本件英文添削に関心を持っていること、本件負担額の性質は、医師等との親睦の度を密にして取引関係の円滑な進行を図るために支出するものであること、本件英文添削の行為態様は、添削業者への支払額を下回るような額を医師等に請求するものであるし、その添削内容は、英語文化圏の、かつ、高度な医療関係の知識を有する外国人による、質の高いものであることなどからすれば、控訴人は、医師等に対して、その取引関係を円滑に進行するため、本件英文添削を提供することで、その歓心を得る目的で、本件負担額という経済的利益を供与していたものである。」

　c　相手方の客観的な認識

　「接待等が、その相手方において、当該支出によって利益を受けていると認識できるような客観的状況の下に行われることは必要でない。」

「また、交際費等に該当する接待等の行為は、相手方の欲望を満たすものである必要はない。このことは、飲酒の嗜好の全くない事業関係者に対して、そのことを全く知らずに飲酒の接待を行った場合、相手方の欲望は満たされないが、接待等の行為に該当することからも明らかである。」

3 裁判所の判断

(1) 第一審（東京地判平成14年9月13日）

請求棄却。

ア　交際費等と寄附金との区別

裁判所もこの点については、特に言及はしていません。

イ　交際費等の定義

「『交際費等』が、一般的に、支出の相手方及び目的に照らして、取引関係の相手方との親睦を密にして取引関係の円滑な進行を図るために支出するものと理解されていることからすれば、当該支出が『交際費等』に該当するか否かを判断するには、支出が『事業に関係ある者』のためにするものであるか否か、及び、支出の目的が接待等を意図するものであるか否かが検討されるべきこととなる。

そして、支出の目的が接待等のためであるか否かについては、当該支出の動機、金額、態様、効果等の具体的事情を総合的に判断すべきであって、当該支出の目的は、支出者の主観的事情だけではなく、外部から認識し得る客観的事情も総合して認定すべきである。」

ウ　本件負担額へのあてはめ

　a　添削依頼者の事業関係者性について

「本件英文添削の依頼者は、原告の取引先である大学の付属病

院、これらの病院を有する医科系大学及び総合大学の医学部又はその他の医療機関に所属する、医師等やその他の研究者に限られていたのであるから、本件英文添削の依頼者は、いずれも原告の『事業に関係ある者』に該当するというべきである。」

b　支出の目的

「本件英文添削は、外資系の医薬品製造、販売業者である原告が、国内の添削業者と同等又はそれ以上の内容の英文添削を、国内の添削業者と同水準の料金で提供するものであって、このような事業を提供することにより、取引先の医師等の歓心を買うことができることからも、本件英文添削は、医薬品の販売に係る取引関係を円滑にする効果を有するものというべきである。」

「本件負担額は、平成6年3月期において1億4,513万6,839円、平成7年3月期において1億1,169万0,336円、平成8年3月期において1億7,506万1,634円にも及び、本件各事業年度における本件英文添削外注費は、本件英文添削収入と比べて、平成6年3月期において約5.1倍、平成7年3月期において約3.7倍、平成8年3月期において約4.3倍もの額に上っている。

これらの事実に照らせば、原告は、本件英文添削を、添削の依頼者である研究者の所属する取引先との間において、医薬品の販売に係る取引関係を円滑に進行することを目的として行っていたものというべきである。」

「したがって、本件負担額は、原告が、本件英文添削を取引先の医師等に提供するために必要な費用として、医薬品の販売に係る取引関係を円滑に進行する目的で支出したものというべきであるから、本件負担額の支出は、接待等を目的として行われたものであるというべきである。」

c　相手方の客観的な認識

　「『交際費等』に該当するためには、前記のとおり、当該支出が事業に関係のある者のためにするものであること、及び、支出の目的が接待等を意図するものであることを満たせば足りるというべきであって、接待等の相手方において、当該支出によって利益を受けることが必要であるとはいえないから、当該支出が『交際費等』に該当するための要件として、接待等が、その相手方において、当該支出によって利益を受けていると認識できるような客観的状況の下に行われることが必要であるということはできない。」

　　d　結論

　「以上によれば、被告が本件各更正処分において、本件負担額の支出が措置法61条の4第1項に規定する『交際費等』に該当するとして、これを損金に算入することを否認したことは相当」

（2）控訴審（東京高判平成15年9月9日）

原判決取消。

　ア　交際費等の定義

　「当該支出が『交際費等』に該当するというためには、〔1〕「支出の相手方」が事業に関係ある者等であり、〔2〕「支出の目的」が事業関係者等との間の親睦の度を密にして取引関係の円滑な進行を図ることであるとともに、〔3〕「行為の形態」が接待、供応、慰安、贈答その他これらに類する行為であること、の三要件を満たすことが必要であると解される。」

　イ　本件負担額へのあてはめ

　　a　添削依頼者の事業関係者性

　「医師は医業を独占し（医師法17条）、患者に対する薬剤の処方や

投与は医業に含まれるから（医師法22条）、医師は、控訴人のような製薬会社にとって、措置法61条の4第3項にいう『事業に関係のある者』に該当するというべきである。」

「本件英文添削の依頼者の中には、研修医や大学院生などのほか、医療に携わらない基礎医学の講師や海外からの留学生も含まれていたことは、上記認定のとおりであるけれども、他方、大学の医学部やその付属病院の教授、助教授等、控訴人の直接の取引先である医療機関の中枢的地位にあり、医薬品の購入や処方権限を有する者も含まれていたことからすれば、全体としてみて、その依頼者である研究者らが、上記『事業に関係のある者』に該当する可能性は否定できない。」

「もっとも、本件の主たる問題点は、本件英文添削の差額負担の支出の目的及びその行為形態が『接待、供応、慰安、贈答その他これらに類する行為』に当たるか否かであると考えられるので、上記の点の最終的判断はひとまずおいて、さらに判断を進めることとする。」

b　支出の目的

「本件英文添削がなされるようになった経緯及び動機は主として、海外の雑誌に研究論文を発表したいと考えている若手研究者らへの研究発表の便宜を図り、その支援をするということにあったと認められる。それに付随してその研究者らあるいはその属する医療機関との取引関係を円滑にするという意図、目的があったとしても、それが主たる動機であったとは認め難い。」

「このような差額が生じるに至った経緯や、研究者らがそのような差額が生じていた事実を認識していたとは認め難いこと、また、控訴人がその差額負担の事実を研究者らに明らかにしたこともない

ことなどからすれば、控訴人が、上記差額負担の事実を、研究者らあるいはその属する医療機関との取引関係の上で、積極的に利用しようとしていたとはいえない。そうすると、このような差額が生じるようになってからも、上記のような本件英文添削の基本的な動機、目的に変容があったと認めることは困難である。」

「このように本件英文添削は、若手の研究者らの研究発表を支援する目的で始まったものであり、その差額負担が発生してからも、そのような目的に基本的な変容はなかったこと、その金額は、それ自体をみれば相当に多額なものではあるが、その一件当たりの金額や、控訴人の事業収入全体の中で占める割合は決して高いものとはいえないこと、本件英文添削の依頼者は、主として若手の講師や助手であり、控訴人の取引との結びつきは決して強いものではないこと、その態様も学術論文の英文添削の費用の一部の補助であるし、それが効を奏して雑誌掲載という成果を得られるものはその中のごく一部であることなどからすれば、本件英文添削の差額負担は、その支出の動機、金額、態様、効果等からして、事業関係者との親睦の度を密にし、取引関係の円滑な進行を図るという接待等の目的でなされたと認めることは困難である。」

c 行為の形態

「行為の形態として『接待、供応、慰安、贈答その他これらに類する行為』であることが必要であるとされていることからすれば、接待等に該当する行為すなわち交際行為とは、一般的に見て、相手方の快楽追求欲、金銭や物品の所有欲などを満足させる行為をいうと解される。」

「ところが、本件英文添削の差額負担によるサービスは、研究者らが海外の医学雑誌等に発表する原稿の英文表現等を添削し、指導

するというものであって、学問上の成果、貢献に対する寄与である。このような行為は、通常の接待、供応、慰安、贈答などとは異なり、それ自体が直接相手方の歓心を買えるというような性質の行為ではなく、上記のような欲望の充足と明らかに異質の面を持つことが否定できず、むしろ学術奨励という意味合いが強いと考えられる。…その行為態様をこのような金銭の贈答の場合に準ずるものと考えることはできない。」

「英文添削のサービスをするに際し、その料金が本来、そのサービスを提供するのに必要な額を下回り、かつ、その差額が相当額にのぼることを相手方が認識していて、その差額に相当する金員を相手方が利得することが明らかであるような場合には、そのようなサービスの提供は金銭の贈答に準ずるものとして交際行為に該当するものとみることができる場合もあると考えられる。しかし、前述のように、本件は、研究者らにおいて、そのような差額相当の利得があることについて明確な認識がない場合なのであるから、その行為態様をこのような金銭の贈答の場合に準ずるものと考えることはできない。」

d　結論

「以上のとおり、本件英文添削の差額負担は、その支出の目的及びその行為の形態からみて、措置法61条の4第1項に規定する『交際費等』には該当しないものといわざるを得ない。」

4　検討

(1) 修正二要件説

前掲ドライブイン事件における交際費等の要件としては、以下の2つ

が判示されていました。

■二要件説

> ア 「支出の相手方」が事業に関係のある者であること。
> イ 「支出の目的」が接待、供応、慰安、贈答その他これらに類する「行為」であること。

　いわゆる交際費等についての「二要件説」であり、上記の２つの要件を満たせば、交際費等に該当するというものでした。本件第一審においては、「支出の相手方」要件については、ドライブイン事件と同様の解釈であるところ、「支出の目的」要件については少し理解が異なります。「接待等『行為』のために『支出する』もの」の解釈について、「支出の目的」を「接待等」の効果を得るためとする考え方、言い換えれば、接待等を受ける側の心理的満足度を向上させる効果を目的とする考え方であり、これは「修正二要件説[26]」や「新二要件説[27]」と呼ばれています。この立場では、「行為」そのものの存在が重要ではなく、そうした行為等を通じて、あるいは行為そのものはなくても、「取引関係の相手方との親睦を密にして取引関係の円滑な進行を図るために支出するもの」という点が重視されています。

　つまり、接待等「行為」を「支出の目的」とするのが「二要件説」で、接待等「行為」が本来持つ「効果」を「支出の目的」とするのが「修正二要件説」ないしは「新二要件説」というわけです。抽象的に考えると少しわかりづらいので、たとえば、「接待」という直接的な「行為」がある場合を考えてみましょう。

　ある得意先と今後の取引関係の円滑化を狙って、高級料亭や高級クラブにその得意先の役員や担当者を招待したような場合、これらの飲食店

26　酒井・課税要件296頁。
27　吉牟田論文142頁。

においてはまさしく「接待」や「供応」という直接的な「行為」が存在しています。この場合は二要件説であれ、修正（新）二要件説であれ、交際費等に該当します。ところが、卸売業者が小売業者に商品を販売する際に、「今後の取引関係の円滑化」を狙って、商品単価をたとえば、通常の50％に設定したような場合はどうでしょうか。表面的にはただの値引きであり、そこには「接待」行為もなければまた通常における「贈答」などもないことから、二要件説においては交際費等には該当しないことになりそうですが、修正（新）二要件説においては、「行為」そのものの存在は問われないわけですから、「支出の目的」が「今後の取引関係の円滑化」に資するこのような取引は交際費等に該当する可能性[28]があるといえます。

　二要件説が、「手段」としての「接待、供応、慰安、贈答その他これらに類する行為」があることを要件とするのに対して、修正（新）二要件説は「接待、供応、慰安、贈答その他これらに類する行為」が持つ効果に着目していると言えるでしょう。いずれにしても、支出のその先にある一定の「効果」を狙っている（現実に効果があったかどうかはともかく）のは両者ともに共通するでしょうから、図示すると下記のイメージになります。

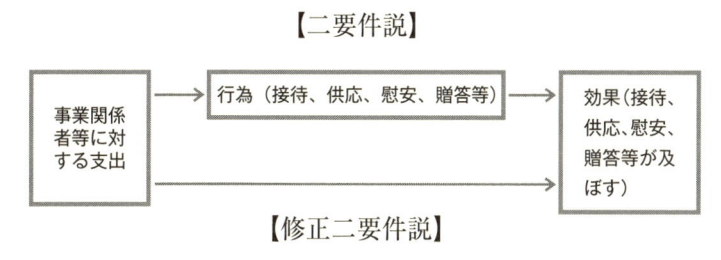

【二要件説】

事業関係者等に対する支出 → 行為（接待、供応、慰安、贈答等）→ 効果（接待、供応、慰安、贈答等が及ぼす）

【修正二要件説】

「取引関係の相手方との親睦を密にして取引関係の円滑な進行を図るため」

28　「(5)『支出の目的』について」参照。

■修正二要件説(新二要件説)

> ア 「支出の相手方」が事業に関係のある者であること。
> イ 「支出の目的」が取引関係の相手方との親睦を密にして取引関係の円滑な進行を図るためのものであること。

(2) 一審判決についての論点

　第一審の判旨については、2つの論点があると考えます。

　ひとつは、接待等「行為」の外形を伴わない「支出の目的」がそのまま課税要件となり得るかどうかです。

　「接待、供応、慰安、贈答その他これらに類する行為のために支出するものであること」を粛々と文理解釈すれば、やはり課税要件となるのは支出の「行為」の存在が必要であると読めるからです[29]。

　「本件負担額は、原告が、本件英文添削を取引先の医師等に提供するために必要な費用として、医薬品の販売に係る取引関係を円滑に進行する目的で支出したものというべきであるから、本件負担額の支出は、接待等を目的として行われたものであるというべきである。」としていますが、一般に、「取引関係を円滑に進行する目的」の「支出」をなんでもかんでも「接待等」を目的として行われたと言えるのでしょうか[30]。ちなみに、Y税務署長の主張では交際費等の要件として「支出の目的がかかる相手方に対する接待、供応、慰安、贈答その他これらに類する行為のためであること」が必要であるとしつつ、「接待、供応、慰安、贈答」は取引関係の円滑な進行を図る行為の「例示」としています。

29　酒井・課税要件295頁。
30　田中・判批177頁では、「会議費として認められる弁当代の支出は、それが取引関係を円滑にする目的をもつということはいえても、これをもって直ちに、それが接待等の目的をもつとはいえないところから明らかなように」とし、「取引関係を円滑に進行する目的」をもつから「接待等の目的」をもつと結論することは論理的に飛躍がある、と指摘しています。

もうひとつは、「支出の目的は、支出者の主観的事情だけではなく、外部から認識し得る客観的事情も総合して認定すべきである。」としながらも、「『交際費等』に該当するための要件として、接待等が、その相手方において、当該支出によって利益を受けていると認識できるような客観的状況の下に行われることが必要であるということはできない。」としている点です。この部分は、一読しただけではかなり理解しづらい部分です。なぜならば、外部から認識しうる「客観的事情」が必要としつつ、相手方の「客観的認識」は特に必要がないと表現しているからです。Y税務署長の主張もほぼ同旨です。おそらく、これは、「支出の相手方」の事情も含めて総合的に「客観的事情」を考慮して、「取引関係の相手方との親睦を密にして取引関係の円滑な進行を図る意図」があったかどうかを判断すべきである、という意味なのでしょう。つまり、仮に「支出の相手方」である添削を依頼した医師等が、本件差額負担の存在を知らなかったとしても、それ以外の状況証拠の積み重ねを通じて「客観的」に接待等の意図があったと外部から認定できるのであれば、ここで言う「支出の目的」要件を満たすことになる、という理屈です。

　結局、第一審では、本件差額負担が相当程度に上るという「客観的事情」や、「国内の添削業者と同等又はそれ以上の内容の英文添削を、国内の添削業者と同水準の料金で提供するもの」という「客観的事情」をもって、そこには接待等の「意図」があったとされたのでしょう。

(3) 三要件説

　控訴審においては、いわゆる三要件説に基づいて判示されました。

■三要件説

> ア 「支出の相手方」が事業に関係ある者等であること。
> イ 「支出の目的」が事業関係者等との間の親睦の度を密にして取引関係の円滑な進行を図ること。
> ウ 「行為の形態」が接待、供応、慰安、贈答その他これらに類する行為であること。

　これは、支出の相手方・目的・行為の形態の3つを要件とするものであり、二要件説と修正（新）二要件説の内容を取り込んだものといえます[31]。

　ア及びウについては、条文の文理解釈上異論はないものと思われます。イの「支出の目的」については、第一審と同様「取引関係の円滑化を図ること」も要件となると判示しました。以下、この3つの要件について検討します。

（4）「支出の相手方」

　第一審では、英文添削の依頼者がX社の取引先である大学の附属病院等に所属する医師等や研究者に限定されていることをもって事業関連性あり、との判断をしていました。つまり、「不特定多数の者」ではないからという考え方でしょう。

　これに対し、控訴審は「医師」については医業独占者であること、薬剤の処方をすることが医業に含まれることを理由として、明確に「事業に関係のある者」であるとしています。一方で、英文添削の依頼をした講師、助手などの若手研究者などについては、将来的には彼らが医薬品購入についての権限を有する可能性もあることから、事業との結びつき

31　吉牟田勲「交際費の損金性、冗費性の分析と課税方式のあり方（沿革を含む）」（日税研論集11巻28頁）では「すべてを包含している三要件説」と表現されています。

が全くないとはいえないまでも、その結びつきはかなり間接的なものであることを根拠のひとつとして、交際費等の要件を満たさないとしました。

　ここで注意しないといけないのは、結びつきの強弱だけをもって「『事業に関係ある者等』ではない」とまでは言及していないことです。結びつきの強弱に加えて、X社が負担したのは英文添削費の費用の一部であることや、結果的に医学雑誌等への掲載がごくわずかであって研究者らが直接的利益を得る機会が非常に少ないこと等をもって、つまり「支出の効果」等をも考慮して、総合的に判断している点です。したがって、類似の事案において、事業関連性の強弱だけで判断するのは妥当ではないでしょう。むしろ、交際費等課税の判例においては、事業関係者については比較的幅広くとらえていることに注意すべきです。

　また、仮に彼ら研究者が事業関係者ではないとされたとしても、その結果、医師や病院といった「事業関係者」との間に良好な関係性を築き上げることに寄与できたのであれば、その意味で「支出の間接的な相手方」は「事業関係者」であった、とされるケースも考えられます。たとえば、特定の病院の院長の歓心を買うために、医学部の学生である院長の子息にだけ本件のような英文添削業務を請け負い、結果、医学雑誌に掲載され、院長や子息の名誉欲を充足できたような場合には、英文添削費の差額負担分は交際費等に該当するかもしれません。

　つまり「支出の直接的な相手方」(研究者)と「支出の目的の対象者」(医師、病院)は必ずしも一致しない[32]と言えます。このことは、たとえば、得意先を飲食店で接待する場合、飲食代金の直接的な支払先は飲食店そのものですが、だからといって飲食店を「接待」する目的ではない

32　高梨論文41頁では、ドライブイン事件について、「支給対象が駐車運転手と仮定すれば、購買層はバス乗客及びその他(未駐車)の運転手という不特定多数ということができる。」とし、支出の直接的な相手方と支出の目的の対象者を分けて考えています。

でしょう（場合によっては、少しはあるかもしれませんが）。当然、接待等の「目的」の対象者は「得意先」ですから。

このように、控訴審では「事業に関係のある者」について、「支出の目的」との関係からもアプローチしていますが、単に「不特定多数の者」かどうかを検討すればよかったのではないかと思われるところです。

（5）「支出の目的」について

控訴審では、本件英文添削はあくまでも「学術奨励」であって研究者や医療機関との取引関係を円滑にするという意図、目的があったとしても、それが主たる動機であったとは認め難い、としています。ある支出が、副次的に事業関係者との間で取引関係の円滑な進行をもたらしたとしても、当該支出の「主たる目的」が取引関係の円滑化ではない場合には、交際費等の要件に該当しないということです。法人があらゆる局面で「取引関係の円滑な進行」を望んでいるのは明らかですから、どのような支出にも少なからず目的としての「取引関係の円滑化」は存在するでしょう[33]。

したがって、交際費等該当要件としての支出の「主たる目的」が「取引関係の円滑化」であるとすることは妥当であると考えます。言い換えれば、ある支出が附随的に、副次的に取引関係の円滑化をもたらすものまで、交際費等に含めるのは妥当ではないということです。たとえば、フランチャイズの加盟店であるコンビニエンスストアが、フランチャイザーの指導に基づいて、店舗内装を変更したり（修繕費又は固定資産）、あるいは店舗を移転（引越費用）したとしても、それらに伴うこれらの

---

[33] 「1-3 オートオークション事件」の判示においても「交際費等の費用を支出する者は、これによっておおむね自らの商品の販売促進を意図しているものということができる。」とされています。

費用は第一義的には、店舗リニューアルによる利益獲得に資するためのものではあるものの、フランチャイザーとの間の「取引関係の円滑化」を保つための要素が見受けられる場合も考えられます。しかし、通常はこのような費用までをも「交際費等」とは言わず、この支出の主たる目的は単なる「店舗改装」でしょう。

このように考えると、「支出等の目的」すなわち「取引関係の円滑化を意図すること」については、第一審の言うように支出者の主観的事情だけではなく、外部から認識し得る「客観的事情」を考慮したうえで、それが支出の主たる目的であったかどうかを考えるべきです。

最後に、前述したように、そもそも「支出の目的」が課税要件として必要かどうかについて検討します。

通常の言葉の意味で考えれば、「接待、供応、慰安、贈答等」の行為があれば、そこには「親睦の度を密にして取引関係の円滑な進行を図ること」を目的としているのは明らかです。したがって、「支出の目的」要件はすでに「支出の行為」に吸収されているという見方もできます。しかし、そうすると、本来は接待等の意図や目的があるにもかかわらず、形式的には、「接待、供応、慰安、贈答等」行為の外見をとらない租税回避も想定されます[34]。このような不具合を是正するためにも、「支出の目的」要件は必要であると考えます。

---

[34] 「近年の企業の活動の多様化につれて、得意先との親睦の度を密にして取引関係の『円滑な進行を図る』行為をを従来とは異なる形で、例えば一見するとそのように見えない行為でもって従来と同様の効果を期待しながら支出を行うというように変わってきているのではなかろうか」(倭文宣人「交際費の意義―オートオークション事件―」百選4版118頁)。
　また課税実務においても、措通61の4(1)−15(6)においては、「いわゆる総会対策等のために支出する費用で総会屋等に対して会費、賛助金、寄附金、広告料、購読料等の名目で支出する金品に係るもの」は交際費等に含まれるとし、「支出の目的」を重視している。

（6）「行為の形態」について

二要件説において要件とされていた接待等「行為」の存在が、三要件説においても「行為の形態」として挙げられています。条文の文言上からもこの要件は必要でしょう。

控訴審においては、本件英文添削はあくまでも「学術奨励」であり、差額負担については接待、供応、慰安、贈答などとは異なり、それ自体が相手方の歓心を買えるというような性質の行為ではないとして接待等行為性を否定しています。しかし、「その料金が本来、そのサービスを提供するのに必要な額を下回り、かつ、その差額が相当額にのぼることを相手が認識していて、その差額に相当する金員を相手方が利得することが明らかであるような場合には、そのようなサービスの提供は金銭の贈答に準ずるものとして交際行為に該当するものとみることができる場合もあると考えられる。…研究者らにおいて、そのような差額相当の利得があることについて明確な認識がない場合なのであるから、その行為態様をこのような金銭の贈答の場合に準ずるものと考えることはできない。」と判示していることから、ここでも「客観的」な「接待、供応、慰安、贈答等」の存在を問題にしていると理解できます。

つまり、単に「学術奨励」であるから直ちに接待等行為ではない、としているのではない点に注意する必要があります。しかし、だからといって、控訴審は相手方が利益を受けていることについて「相手方の認識」までをも要件と考えているかどうかはわかりません[35]ので注意する必要があります。なぜなら、「交際行為に該当するものとみることができる場合もあると考えられる」と判示しているに過ぎず、相手方の認識

---

35 「『相手方の認識』を交際費等の要件として裁判所が判断したといえるかどうかについては微妙であるように思われる。」（酒井・課税要件299頁）。また、相手方の認識が客観的状況にあることを要件とすべき、（金子・租税法357頁）という考え方があります。このように、相手方の認識可能性を要件とする考え方を「修正三要件説」と呼ぶことがあります（酒井・課税要件298頁）。

が接待等「行為」の有無の判断において、強く影響する可能性もあるとしか言及していないからです。

また、確かに、本件の英文添削サービスのように、外注費も含めて相対で料金や価格が決定する性質のサービスの場合には、相手方が経済的利益を受けていたとしてもそれを知りうる状況にないことは理解できますが、市場で小売価格や役務対価が一般的に周知されているような物品やサービスの場合には、利益供与者が相手方に経済的利益の存在を伝えていないとしても、「客観的」に「接待、供応、慰安、贈答等」がなかったとするのは困難かもしれません。

（７）本判決の意義

控訴審判決の特徴は、三要件説が妥当かどうかはともかく、３つの要件について横断的にすべて検討している点にあります。３つの要件のひとつでも該当しなければ、その時点で交際費等には該当しません。控訴審では「支出の行為」性については明確に否定していますので、これだけでも交際費等には該当しないとするには足ります。しかしながら、控訴審は３つの要件すべてについて検討しています。これは、３つの要件が決して各々独立した要件ではなく、相互に絡み合って存在していることの現れではないでしょうか。このことは、「支出の相手方」の判断において、単に相手方の属性等を切り取って「事業に関係のある者等」かどうかを判断するのではなく、「支出の目的」や「支出の効果」等とも照らし合わせ総合的に判断していることからも確認できます。

二要件説は条文の解釈としてはやや形式的に過ぎる印象がもたれます。租税特別措置（政策税制）に関する規定の解釈について、原則として文理解釈によるべきではありますが、必要に応じて規定の趣旨・目的を勘案すべきであり、その場合には規定の立法趣旨の参照が必要とな

る[36]、という通説に照らしても疑問です。修正（新）二要件説や三要件説のように「親睦の度を密にして取引関係の円滑化」を図るという目的要件も取り込むべきと言えます。

36　金子・租税法114頁。ただし、わが国には租税法規に関する明示的な立法者意思を示す一次資料が少ないという指摘があります（谷口・講義40頁）。

1-3　オートオークション事件

東京高判平成5年6月28日（行裁例集44巻6＝7号506頁）
横浜地判平成4年9月30日（行裁例集43巻8＝9号1221頁）
※なお、交際費等の損金不算入の規定につき、憲法14条1項に違反するとした上告は棄却されています（最判平成10年1月22日税資230号58頁）。

1　事案の概要

(1)中古自動車の競り売りを開催するX社（原告、控訴人）は、関東中央オークション（以下「本件オートオークション」という。）において行った抽選会の景品の購入に要した費用320万8,616円（以下「本件費用」という。）を支払奨励金として、また、その他得意先の妻子等の接待費用や本件オートオークションの懇親会費用（以下「その他の交際費等」）なども「交際費等」とはせずに損金に算入して確定申告をしたところ、Y税務署長（被告、被控訴人）は本件費用及びその他の交際費等を「交際費等」に該当するとして損金算入を認めず、更正処分をしました。Xは、「本件費用」については、「交際費等」には該当しないと主張して出訴しました。

(2)本件オートオークションの抽選会は、休眠状態若しくはそれに近い会員をオークション会場に多数来場させ、夜遅くまでオークションに参加させることを目的とするものであり、Xが本件オートオークションにおいて実施した抽選会の実施状況は、本件オートオークションに一台以上の出品もしくは一台以上落礼した会員の会員番号を記載したカードを抽選箱に入れ、オークション終了時に抽選を行い、その際、会場に当選者がいない場合は、失格となるものでした。

なお、本件オートオークションの具体的な参加資格は下記の要件を満たす者でした。
① 中古自動車取扱古物許可証を有する者であること。
② 本件オートオークションの会員契約を締結した業者であること。
③ 前各号の条件を満たし、本件オートオークションに参加を承認された者であること。
④ その他本件オートオークションが特別に認めた者であること。

2 当事者の主張

(1) X社
① 支出の目的
「本件抽選会は、休眠状態若しくはそれに近い会員をオークション会場に多数来場させ、夜遅くまでオークションに参加させることを目的とするものであり、『支出の目的が接待、供応、慰安、贈答その他これらに類する行為を目的』とするものでないことは明かである。したがって、本件抽選が、『抽選会で景品を交付して会員の歓心を買い、もつて、当該支出の相手方との間の親睦の度を密にして取引の円滑な進行を図ろうとする趣旨にでたもの』ではないので、損金不算入とされる交際費等ではない。」

② 売上割戻し該当性について
「売上割戻しの実態は千差万別であり、売上高若しくは売掛金の回収以外に得意先の営業地域の特殊事情、協力度合等を勘案して支出する費用も、交際費に該当しない売上割戻金の性質を有する支払奨励金である。また、本件オークションの手順、方法等の特殊事情から、物品で支出したとしても、同様である。すなわち、本件オークションの会場は栃

木県小山市にあり、オークションに参加している会員は、東北及び関東一円にわたつている。オークションは午前12時から開始され、出品台数が多いときは、オークションの終了時刻は午後8時過ぎになる。このような時刻までオークションを開催するには、相応の企業努力が必要なのであり、本件費用は、単に相手方との間の親睦の度を密にして取引の円滑な進行を図ろうとする目的に出たものではなく、売上割戻金の性質を有する支払奨励金である」

③ 販売促進費・広告宣伝費該当性について

「とくに被告の主張する宣伝広告費の定義は不正確であり、『商品等の良廉性』を訴えることに限定すれば、いわゆるイメージ広告は宣伝広告費に入らないことになる。また、『特定かつ多数』であれば『不特定多数』であるとされる場合もあるとおり、『不特定多数』という概念も相対的なものである。そして、本件オートオークションにおいては、会員の全員が参加するわけではなく、より多くの会員がオークションに参加するよう促し、購買意欲を刺激するために、本件抽選会を行つているのであり、また、かかる抽選会を大々的に行つていることは、親規会員の募集をうたう雑誌、新聞等の広告にも掲載しており、新規会員獲得のための宣伝をも兼ねている」

(2) Y税務署長

① 交際費等の定義

「交際費等が、一般的にその支出の相手方及び支出の目的からみて、原告と得意先の親睦の度を密にして取引関係の円滑な進行を図るために支出するものであることから、その要件は、第一に支出の相手方が事業に関係のある者であること、第二にその支出がかかる者に対する接待、供応、慰安、贈答その他これらに類する行為を目的とするものであるこ

と、にあるというべきである。」

② **本件費用へのあてはめ**

　ア　事業に関係のある者

　「本件オートオークションの抽選会に参加する権利を有する会員は、…本件オートオークションの右会員資格を有するだけでなく、本件オートオークションに一台以上出品もしくは一台以上落札した会員に限定されているから、本件費用の支出の相手方は、控訴人の得意先及び仕入先以外の何者でもなく、控訴人の『事業に関係ある者』に当たることは明らかである。」

　イ　支出の目的

　「本件オートオークションの抽選会は、…本件オートオークションに一台以上出品もしくは一台以上落札した会員でオークションの最後まで会場に残った会員であれば、購入金額や購入台数及び出品台数には関係なく、公平に抽選に参加できるものであり、このような会員に対し、抽選によって景品を交付して歓心を買い、もって、当該支出の相手方との間の親睦の度を密にして取引の円滑な進行を図ろうとする趣旨に出たものであるから、本件費用は、まさに会員に対する『贈答その他これらに類する行為』を目的とするものであるといえる。」

　ウ　売上割戻し該当性について

　「右通達62(1)－3は支出する費用が金銭の場合に関するものであり、物品については同62(1)－4において、金銭の場合と同様の算定基準で交付されるものでも、そのために要する費用は原則として交際費等に当たり、例外として得意先である事業者がたな卸し資産もしくは固定資産として販売しもしくは使用することが明らかな物品またはその購入単価が少額（おおむね3,000円以下）である物品は交際費等に当たらないとされているのであって、本件オートオークションの抽選会

の景品は原判決別表一の1のとおり家電製品等中古車売買業とは何ら関係のないものであり、その交付の基準も本件オートオークションに一台以上出品もしくは一台以上落札した会員を対象に行われる抽選会の当選者というだけであって、右例外に当たらない。」

「売上割戻しとは販売促進のため得意先に対し、一定数量または一定金額を一定期間中に買入、代金を決裁した場合に支払う返戻額であるから、本件費用が売上割戻しの性質を有するか否かは本件費用が会員に対する販売数量ないし販売金額に比例したものであるか否かで判断されるべきであるにもかかわらず、この点についての控訴人の主張がないから、控訴人の右主張はそれ自体失当である。」

エ　販売促進費・広告宣伝費該当性について

「本件オートオークションの抽選会で景品を交付する結果として、本件オートオークションの会員に対し来場意欲を喚起する効果を及ぼし、本件オートオークション自体に対し広告宣伝的効果を与えているとしても、右効果は控訴人の事業に関係のある者という限定された者に対する効果であり、しかも本件費用支出の直接の目的ではなく、あくまでも付随的な効果に過ぎないというべきであり、広告宣伝費に当たらないというべきである」

「いわゆる『イメージ広告』も、販売する商品と直接的に関連する企業のイメージを、不特定多数者である消費者に強く印象づけ、ひいては『購買意欲を刺激する目的で商品等の良廉性を広く不特定多数の者に訴える』ことを企図したものであるから、控訴人の右主張は失当である。」

3 裁判所の判断

第一審　請求棄却。
控訴審　控訴棄却。

（1）交際費等の定義

「交際費等が、一般的にその支出の相手方及び支出の目的からみて、得意先との親睦の度を密にして取引関係の円滑な進行を図るために支出するものと理解されているから、その要件は、第一に支出の相手方が事業に関係のある者であること、第二に支出の目的がかかる相手方に対する接待、供応、慰安、贈答その他これらに類する行為のためであること、にあるというべきである。」

（2）本件費用へのあてはめ

①　事業に関係のある者

「本件費用が交際費等に該当するか否かを検討すると、まず第一に本件オートオークションの会員になるには、前記のとおり、中古自動車取扱古物許可証を有する者で本件オートオークションの会員契約を締結した業者であつて、かつ、本件オートオークションに参加を承認された者、又は本件オートオークションが特別に認めた者であることを必要とするから、本件費用の支出の相手方が原告の『事業に関係のある者』に限られていることは明かである。」

②　支出の目的

「第二に、本件費用は、抽選会における景品の交付、換言すれば、本件会員に対する贈答その他これに類する行為のために支出されたものであり、また、原告の主張によれば、本件抽選会の開催は、かかる方法に

よつて、休眠状態若しくはそれに近い会員をオークション会場に多数来場させ、夜遅くまでオークションに参加させることを企図したというのであるから、それはとりも直さず、得意先等事業関係者に対する贈答その他これに類する行為により、親睦の度を密にして、取引関係の円滑な進行を図るために支出されたものということができる。」

③ **結論**

「したがつて、本件費用は、さきに述べた交際費等に該当するための二つの要件を満たしており、交際費等に当たる。」

(3) 売上割戻し該当性について

「売上割戻金とは、典型的には、販売促進のため得意先に対し、一定数量又は一定金額を一定期間中に買入れ、代金を決済した場合に支払う返戻額であるところ、本件オートオークションの抽選会が前記認定のような方法で実施されていて、本件オートオークションに一台以上出品もしくは一台以上落札した会員でオークションの最後まで会場に残った会員であれば、購入金額や購入台数及び出品台数には関係なく、公平に抽選に参加できるものである以上、本件費用が売上割戻金の性質を有しないことは明かである。

もつとも、売上割戻金というも、右のような典型的な内容のものに限らない。そして、金銭が交付される場合において、売上高若しくは売掛金の回収以外に得意先の営業地域の特殊事情、協力度合等を勘案して、その額が算定されるもの、物品が交付される場合においても、その物品が得意先である事業者においてたな卸資産若しくは固定資産として販売し若しくは使用することが明かな物品又はその購入単価が少額（おおむね3,000円以下）である物品であり、かつ、その交付の基準が売上割戻し等の算定基準と同一のもの等、税法上交際費等には該当しないと解する

のが相当な場合もありうるが、本件オートオークションの抽選会で交付されるのは金銭ではなく、物品（景品）であり、かつ、原判決別表一の１のとおり、右抽選会に参加資格のある中古車売買業関係者の営業とは無関係の家電製品等であるから、その購入費用が遠隔地で夜遅くまで行う本件オートオークションに最後まで会員を参加させる『相応の企業努力』として支出されるものであつても、本件費用は、右変形型の売上割戻金にも該当しない。」

（４）販売促進費・広告宣伝費該当性について

「租税特別措置法62条３項にいう交際費等が前記のような内容のものである以上、交際費等の費用を支出する者は、これによつておおむね自らの商品の販売促進を意図しているものということができる。したがつて、そのような意図で支出された費用がすべて損金に算入されうるわけではない。販売促進のために支出された費用であつても、それが前記で述べた要件に該当する限り、交際費等として課税されるところ、本件費用は、前記で述べた要件に該当するのであるから、損金に算入されるべき販売促進費に該当しないことは、おのずから明かである。」

「本件費用は、前記の各要件を満たした者に対し前記の目的と方法で行われる抽選会で交付された景品の購入費用であるところ、宣伝広告費とは、購買意欲を刺激する目的で、直接又は間接に商品等の良廉性を広く不特定多数の者に訴えるための費用をいう。これに対し、本件費用の支出の相手方である本件オートオークションの会員は、前記のとおり、事業に関係のある者に限られているものであるから、本件費用の支出が新規会員獲得に効果を及ぼすことがあるとしても、本件費用が宣伝広告費に当たらないことは明かである」

4 検討

　本判決は、「3(1)交際費等の定義」（68頁参照）でみたように、一見すると、ドライブイン事件と同様、「二要件説」の立場を採用しているように思えます。しかし、判示内容を読むと、「得意先等事業関係者に対する贈答その他これに類する行為により」、「親睦の度を密にして、取引関係の円滑な進行を図るために支出されたもの」であることを理由に「交際費等」に該当するとしています。「行為の態様」と「取引関係の円滑化」を課税要件に取り込んでいるとも読み取れますので、「三要件説」の立場を採用しているのかもしれません。

(1)「事業に関係のある者等」について

　ドライブイン事件と同様に、本件費用の相手先が「不特定多数の者」かどうかが争点となっています。事実関係から判断するに、一定の範囲内に限定された者が本件オートオークションに参加できることから、明らかに「不特定多数の者」を対象としているとはいえないでしょう。この点、幅広く一般の消費者なども本件オートオークションに参加できたのであれば、結論は変わったのかもしれません。

(2)「支出の目的」について

　では、三要件説に照らして「支出の目的」を検討すればどうなるのでしょうか。まずは、Xが本件オートオークションの来場者に対して「接待等」の意図をもって抽選会を実施したかどうかが論点になるでしょう。

　三要件説を採用した英文添削費差額事件控訴審判決においては、「支出の目的」が「事業関係者等との間の親睦の度を密にして取引関係の円

滑な進行を図ること」が要件とされています。抽選会における景品の交付が、ある程度は、取引関係の円滑化を促進する効果を期待できるでしょうから、これが親睦の度合に一定程度寄与することは考えられます。

(3)「行為の形態」について

　三要件説においては、「行為の形態」が接待、供応、慰安、贈答その他これらに類する行為であること、とされています。抽選会における景品の「贈答」はあるのですから、形式的にみれば、明らかに「行為の態様」としての「贈答」行為はあるといえます。

　しかし、英文添削費差額事件控訴審判決では、「交際行為とは、一般的に見て、相手方の快楽追求欲、金銭や物品の所有欲などを満足させる行為をいうと解される。」とし、英文添削の差額負担サービスについて、「このような行為は、通常の接待、供応、慰安、贈答などとは異なり、それ自体が直接相手方の歓心を買えるというような性質の行為ではなく」としていることからも、「相手方の歓心」を買うという性質が必要であると示唆しています。そこで、本件オートオークション終了後の抽選会を検討すると、

① 抽選対象者は一台以上の出品若しくは一台以上落礼した会員に限定されていること。
② 会場に当選者がいない場合は、失格となること。
③ 本件オートオークションが夜遅くまで開催されていること。

が確認できます。

　来場者全員が景品を獲得できるとは限らず、少なくとも夜遅くの抽選会において会場に居合わせなければならないという参加者の負担を考えると、果たして、本件のような景品の贈答行為が、英文添削費差額事件

控訴審判決の言うように、「相手方の快楽追求欲、金銭や物品の所有欲などを満足させる行為」に該当するのでしょうか。「相手方の歓心」がどこまで買えているかは疑問です[37]。

（4）措置法施行令37の5②「政令で定める費用」について

ところで、仮に本件費用が「交際費等」に該当するとしても、それは措法61の4③本文でいうところの「交際費等」に該当したに過ぎず、かっこ書きの除外規定に該当するかどうかの判断も行う必要があります。つまり、措法61の4③では、「（次に掲げる費用のいずれかに該当するものを除く。）」とし、第3号において「前2号に掲げる費用のほか政令で定める費用」としたうえで、これを受けて、措令37の5②で一定の広告宣伝費や会議費等が交際費等から除外されています。

本判決においても、本件費用がいったん「交際費等」に該当するとしたうえで、以後、支払奨励金、販売促進費、宣伝広告費に該当するかどうかの検討を行っています。そして、本判決においては、「宣伝広告費とは、購買意欲を刺激する目的で、直接又は間接に商品等の良廉性を広く不特定多数の者に訴えるための費用をいう。」と判示し、本件オークション費用は、対象者が限定されていることをもって「不特定多数の者」を対象としたのではなく「事業に関係のある者」に該当することを理由として広告宣伝費に該当しないとしました。

ここで、いま一度、本件のような景品の贈答のように明白な対価関係のない取引についての、交際費等該当性の手順を整理してみましょう。

---

[37] 辻美枝「交際費の意義－オートオークション事件」（百選5版112頁）。

【対価性のない取引（低額譲渡を含む）の取扱い】
原則：販売費管理費として損金算入（法法22③）

① 「金銭その他の資産又は経済的な利益の贈与又は無償の供与」又は「低額譲渡」（法法37⑦⑧）

↓

② 「広告宣伝及び見本品の費用その他これらに類する費用並びに交際費、接待費及び福利厚生費とされるべきもの」に該当するか？

- 交際費等以外の費用に該当 → 原則に戻って、販売費管理費として損金算入（法法22③二）
- いずれにも該当しない → 寄附金の損金算入限度額計算へ
- 交際費等課税の検討 → ③交際費等課税の検討「事業関係者等」に対する「接待、供応、慰安、贈答その他これらに類する行為」のために支出するものであるか？（措法61の4③）
  【二要件説】
  【修正（新）二要件説】
  【三要件説】

↓

④ 次のいずれかに該当するか？
（措令37の5）
1　専ら従業員の慰安のために行われる運動会、演芸会、旅行等のために通常要する費用
2　飲食その他これに類する行為のために要する費用（専ら当該法人の法人税法第2条第15号に規定する役員若しくは従業員又はこれらの親族に対する接待等のために支出するものを除く。）であつて、その支出する金額を基礎として政令で定めるところにより計算した金額が5,000円以下の費用
3　前2号に掲げる費用のほか以下の費用
　一　カレンダー、手帳、扇子、うちわ、手ぬぐいその他これらに類する物品を贈与するために通常要する費用
　二　会議に関連して、茶菓、弁当その他これらに類する飲食物を供与するために通常要する費用
　三　新聞、雑誌等の出版物又は放送番組を編集するために行われる座談会その他の記事の収集のために、又は放送のための取材に通常要する費用

- NO → 交際費等の損金算入限度額計算へ
- YES → 原則に戻って、販売費管理費として損金算入（法法22③）

このような思考回路を経ると、本件オートオークションの景品購入費用は、確かに①「金銭その他の資産又は経済的な利益の贈与又は無償の供与」に該当します。この段階で、寄附金課税あるいは交際費等課税の可能性があることが判明します。そこで、②③の要件に合致するかどうか検討することになります。

裁判所は③（交際費等課税）の検討は行い、「得意先等事業関係者に対する贈答その他これに類する行為により、親睦の度を密にして、取引関係の円滑な進行を図るために支出されたものということができる」ことを理由として交際費等であるとしました。本来ならば、③の検討を行い、その結果、相手方が「事業関係者等」であることをもって「交際費等」に該当し（③で「YES」）、かつ、④のいずれにも該当しないという理由で「交際費等」課税に服するという結論を導くべきであったと思われます。つまり、場合によっては支出の相手方が「不特定多数の者」ではなかったとしても、「カレンダー、手帳、扇子、うちわ、手ぬぐいその他これらに類する物品を贈与するために通常要する費用」であれば損金の額に算入されることになります。

ところが、「本件費用は、前記一で述べた要件に該当するのであるから、損金に算入されるべき販売促進費に該当しないことは、おのずから明かである。」とするのみで、②の措令37の5の除外規定に該当するかどうかの検討は行っていません。

一般に「金銭その他の資産又は経済的な利益の贈与又は無償の供与」については、寄附金の要件と同時に、交際費等の要件の検討をする必要があります。

2 最近の判例～英文添削費差額事件以降～

次に、比較的最近の判例、具体的には、英文添削費差額事件控訴審判決以降で重要と思われる判例について概観します。

2-1 遊園施設の清掃業務の再委託料と委託料との差額、優待入場券のサービス提供原価相当分は交際費等とされた事例

・東京高判平成22年3月24日訟月58巻2号346頁、東京地判平成21年7月31日判時2066号16頁
・東京高判平成23年8月24日税資261号順号11732、東京地判平成22年11月5日（税資261号順号11548）

（1）争点

①X社が自己の経営する遊園施設の清掃業務の業務委託料として訴外A社に支払った金額とA社が訴外B社に対して再委託契約の業務委託料として支払われた金額との差額（本件業務委託料差額）は交際費等に当たるか。

なお、本件では、委託先であるA社からA社の相談役である甲や甲の親族らに対して多額の報酬が支払われていた。

②X社が事業関係者等に対して交付したX社が運営する遊園施設への入場及びその施設の利用等を無償とする優待入場券（本件優待入場券）の使用に係る費用が交際費等に当たるか。

(2) 当事者の主張

① 納税者

「ある費用が交際費等に該当するか否かは、その金額が経済的にみて合理的かつ公正な価格であるか否かによって判断されるべきである。支出の相手方がどのような者であっても、支出の金額が経済的に合理的なものである限り、企業の適正な費用として経理処理され、損金算入されるのは当然である。」

② 税務署長

【三要件説】

「交際費等は、一般的に、支出の相手方及び目的に照らして、取引関係の相手方との親睦を密にして取引関係の円滑な進行を図るために支出するものと理解されていることからすれば、当該支出が交際費等に該当するためには、〔1〕支出の相手方が事業に関係のある者等であること、〔2〕支出の目的が事業関係者等との間の親睦の度を密にして取引関係の円滑な進行を図るためであること、〔3〕支出の原因となる行為の形態が接待等であることの三要件を満たす必要がある。」

(3) 裁判所の判断

① 第一審

【三要件説】

「特定の費用が同項の交際費等に当たるか否かを判断するに当たっては、個別の事案の事実関係に即し、その支出の相手方、支出の目的及び支出に係る法人の行為の形態を考慮することが必要とされるものと解される。」

ア 本件業務委託料差額について

「A社は、実際に本件清掃業務を実施することはなかったにもかか

わらず、Ａ社の収益に相当する本件業務委託料差額は、原告がＡ社に対して支払う金額のうちの約40パーセントに上り、一方、本件清掃業務の実施によるＢ社の利益率は、約8パーセントであった。…これは、Ｂ社が他の法人から清掃業務を受託した場合におけるものとほぼ同程度のものであると認められる。…本件清掃業務の内容に応じ業務委託料として相当とされる金額についてはＢ社が支払を受けていたものがこれに当たると推認することが相当である。…原告がＡ社との間で本件清掃業務に係る業務委託契約の更新を繰り返して金銭の支払を行ってきたことについては、形式的には、Ａ社との間の本件清掃業務に係る業務委託契約に基づくものではあるが、実質的には、上記のような甲の社会的な立場を前提に、その影響力を原告の事業の遂行、管理等に利用すべく、Ａ社を介し甲に経済的利益を提供した甲との関係を良好に保つものとしてされたもので、本件清掃業務の内容に応じ業務委託料として相当とされる金額を超える金銭の支払については、甲に対する謝礼又は贈答の趣旨でされたと認めるのが相当である。そして、上記のような甲の立場に照らすと、甲が措置法61条の4第3項の『その他事業に関係のある者等』に当たることは明らかというべきである。

そうすると、本件業務委託料差額に相当する金銭については、上記のような支出の相手方、支出の目的及び支出に係る行為の形態に照らし、同項の交際費等に当たると認めるのが相当である。」

イ 本件優待入場券について

「本件優待入場券を発行し、それを使用して入場等をする者に対して有償入場券により入場等をする者に対するのと同等の役務を提供することとして、施設の運営に当たっていたことが認められるところ、このような事実関係の下においては、本件優待入場券が現に使用され

て遊園施設への入場等がされたときに、その者に対し、原告の提供する役務に係る原価のうちその者に対応する分につき費用の支出があったものと認めるのが相当である。

そうすると、原告が本件優待入場券を発行してこれを使用させていたことについては、原告の遂行する事業に関係のある企業及びマスコミ関係者等の特定の者に対し、その歓心を買って関係を良好なものとし原告の事業を円滑に遂行すべく、接待又は供応の趣旨でされたと認めるのが相当であり、これを使用して入場等をした者に対して役務を提供するに当たり原告が支出した上記の費用については、上記のような支出の相手方、支出の目的及び支出に係る行為の形態に照らし、措置法61条の4第3項の交際費等に当たると認めるのが相当である。」

② **控訴審**

「当裁判所も、控訴人の本件請求は、いずれも理由がないものと判断する。」として、控訴人(納税者)の主張を退けました。

(4) 検討

特定の者に利益供与する目的で、金銭の支出があった場合において、それが形式的には委託料や手数料等としてなされたものであっても、実態に照らして交際費等と判断された典型的な事例です。本件では委託料と再委託料との間に相当乖離があり、また、委託先が清掃業務を行っていた事実がなかったことから、実質的な利益供与と判断されています。また、同族会社であれば「行為計算の否認」に該当する可能性も否めないでしょう[38]。仮に、委託料と再委託料との差額が適正なものであれば

---

38 不動産賃貸業を営む個人が賃料等収入の50%を管理費として自己とその母親で発行済株式の全部を保有する同族会社に支出したことにつき、「行為計算の否認」とした事例(東京地判平成元年4月17日訟月35巻10号2004頁)があります。本判例は所得税法第157条が問題とされましたが、管理費を支出する側が法人であれば法人税法第132条の射程となるでしょう。

結論は変わったかもしれません。また、「A社は、実際に本件清掃業務を実施することはなかった」のであり、「甲に対する謝礼又は贈答の趣旨でされた」のであれば、明白な「対価性」に欠け、寄附金として取り扱う余地も検討する必要があったのではないか、という疑問がもたれるところです。

また、優待入場券については、「本件優待入場券が現に使用されて遊園施設への入場等がされたときに、その者に対し、原告の提供する役務に係る原価のうちその者に対応する分につき費用の支出があったものと認めるのが相当である。」としていることから、通常の入場券売価ではなく、優待入場券原価相当額が交際費等として計上されることになります[39]。

なお、類似の事案で、株主優待品の送料につき、「事業関係者である株主の歓心を買って関係を良好なものとし、将来にわたって株主であることを奨励するものということができるから、贈答の性質を有する行為であると認めるのが相当である。そして、本件送料は、その贈答のために支出された費用であり、その支出によって本件株主優待品の受領という利益を請求人の株主は受けるのであるから、本件株主優待品の購入費用等の支出と同様に、本件株主優待品を受け取る株主が本件送料の支出による便益を享受するといえ、本件送料の支出の相手方であるということができる」とし、交際費等とした事例があります（平成23年1月24日裁決[40]）。

---

39 この取扱いが妥当であるという見解として、八ツ尾順一「優待入場券の無償交付と交際費課税」水野武夫先生古稀記念論文集『行政と国民の権利』589頁、591頁（法律文化社・2011）。
40 裁決事例集には未搭載ですが国税不服審判所「裁決要旨検索システム」で確認できます（争点番号302001000、裁決結果「棄却」）。

2-2 退任した前代表取締役に対する地元対策等を目的とする支出は交際費等ではなく給与とした事例

国税不服審判所裁決平成24年3月6日裁決事例集86集330頁

（1）争点

　審査請求人が前代表取締役に対して支給した給与等について、原処分庁が、当該者には勤務実態がないことから地元対策等に対する謝礼であり、交際費等に該当するなどとして法人税の更正処分等を行ったのに対し、請求人が、その全部又は一部の取消しを求めた事案です。

（2）当事者の主張
① 納税者

　「本件支給対象者は、役員を退任した後も登記上の役員ではないものの、役員に準じた相談役といった立場で請求人の業務に従事している。本件支給対象者の主な業務は、経営全般のアドバイスや指導、受注の際の根回し、冠婚葬祭等への対応指示であり、また、従業員からの相談を受けるなどメンタルヘルスケアの役割も担っている。

　原処分庁は、本件支給対象者のタイムカードの作成がないことや業務に従事する時間が短いことをもって同人の勤務実態がない旨主張するが、請求人においては、役員や管理職のタイムカードの作成はなく、本件支給対象者は役員に準じる相談役といった地位にいる者であり、一日を通して会社に滞在する必要性はないから、原処分庁の主張には理由がない。

　また、請求人の現在の代表者は地元の者ではないため、地域とのつながりが薄いことから、本件支給対象者の業務の一環として地元住民との調整を行ってもらっているものである。

したがって、本件各金額は、本件支給対象者に対して労務の対価として支給した給与であり、交際費等には該当しない。」

② 税務署長

「請求人の関連会社を含む請求人の組織を記載した「○○グループ運営図」と題する書面には、本件支給対象者の名前の記載がなく、同人は従業員の人数にも含まれていないこと、同人のタイムカードが作成されていないこと、請求人の事務所に本件支給対象者の席がなく、1時間程度請求人の事務所に赴いて従業員の話し相手をしているだけであることからすれば、本件支給対象者は、請求人に対して人的役務の提供を行っていない。

本件支給対象者は、請求人の前代表者であり、請求人の事業関係者等に該当する。請求人は、本件支給対象者が地元に対して影響力を有していることから、地元対策や取引関係の円滑化の目的で同人の影響力に対する謝礼金として本件各金額を支出している。

以上からすると、本件各金額は、措置法第61条の4第3項に規定する交際費等に該当する。」

（3）審判所の判断

「措置法第61条の4第3項は、交際費等は、交際費、接待費、機密費その他の費用で、法人が、事業に関係ある者等に対する接待等のために支出するものをいう旨規定しているところ、一般的にその支出の相手方及び支出の目的からみて、得意先等との親睦の度を密にして取引関係の円滑な進行を図るために支出するものは、同項に規定する交際費等に該当し、主として、給与等のような性質を有するものは交際費等には含まれないものと解される。」

「本件支給対象者は、請求人の代表取締役を退任する際に、請求人の

代表取締役であったことから、請求人と廃棄処理場周辺の住民との協調関係を維持すること、同業者及び取引先との調整等に協力してもらうこと、及び、請求人の従業員から相談を受けることや指導をすることなどの業務を、請求人の現在の代表者から依頼を受け、代表取締役を退任した後、毎日請求人の事務所に出勤し、これらの業務を行っていたと認められる。そうすると、請求人と本件支給対象者との間には、同人が代表取締役を退任した時点で、雇用契約又はこれに類する合意が成立したということができる。そして、上記（略）によれば、本件支給対象者は、請求人事務所に滞在する時間は本件各事業年度中に徐々に減少していったものの、請求人の事務所に出勤し、冠婚葬祭の対応の指示や従業員及び取引先関係者の応対といった労務の提供を行っており、また、本件各事業年度中において、請求人と本件支給対象者との間の上記合意が解消されたことを認めるに足りる証拠はない。

　そうすると、本件支給対象者は、雇用契約又はこれに類する合意に基づき、請求人から依頼された業務の遂行を、請求人の事務所等において継続的又は断続的に行っていたと認められ、このことは、請求人の指揮命令に服して、空間的、時間的な拘束を受けて労務の提供を行っていたことになる。

　よって、本件各金額は、給与等の性質を有すると解するのが相当である。」

（4）検討

　審判所の交際費等課税に対する姿勢は「行為の態様」を問題にしていないことから「修正二要件説」であると見受けられます。ただし、本件は、交際費等該当性を直接的に検討したものではなく、事実認定から所得税法上の「給与等」であると判断しています。つまり、労務の対価で

あればそれは当然に接待等の目的を有する性質のものではない、という理屈でしょう。なお、本件支給につき、源泉徴収がなされていたかどうかは裁決文からは不明ですが、仮に源泉徴収がなされていなかったとすれば、法人自ら給与等ではないと認識していたことを示唆する材料にはなると思われます。

2-3 教室業等を営む者が卒業式において供した昼食等に係る費用について交際費等に該当しないとした事例

国税不服審判所裁決平成20年4月25日裁決事例集75集401頁

(1) 事案の概要

　本件は、教室業等を営む審査請求人が、卒業式において供した昼食等に係る費用について、原処分庁が交際費等にあたるとして法人税の更正処分及び過少申告加算税の賦課決定処分を行ったのに対し、請求人が、当該費用は交際費等に該当しないとして、これらの処分の全部の取消しを求めた事案です。

(2) 当事者の主張

① 納税者

　「本件各卒業式は、長時間にわたり、かつ昼食時間帯をまたがって行われることから、請求人は、その中間に出席者に対して昼食を提供しているにすぎず、また、請求人は、昼食代相当額も加味した上で免状料を受領していることから当然の義務として本件卒業生に対して昼食を提供するものであり、請求人が本件卒業生を接待するために昼食を提供しているものではない。

　また、その昼食の内容は、格式ある厳粛な免状授与式に見合う程度の社会通念上必要な程度のものであり、昼食時に提供される酒類は、食事に先立って行われる儀式としての乾杯のために供される極めて小さなシャンパングラス１杯のシャンパンのみであり、そのほかにはいかなる酒類も提供されない。

　なお、仮に、免状料に昼食代相当額が含まれていない場合においても、これらの昼食の内容に照らせば、本件各昼食費用等は、社会通念上

通常要する程度の費用の支出に該当するということができ、税務上の交際費等には該当しない。」

② 税務署長

「本件各卒業式は、開会後『免状授与式』が行われ、その後、『卒業祝賀パーティー』（以下『本件各パーティー』という。）と題して、出席者に酒食の提供が行われていることから、本件各パーティーは請求人が出席者との親睦を深めることなどを目的に酒食のもてなし、すなわち、供応、接待のために行われているものと認められる。

したがって、本件各卒業式費用のうち本件各パーティーに係る本件各昼食費用等は、措置法第61条の4第3項に規定する交際費等であると認められる」

（3）審判所の判断

【三要件説】

①「交際費等とは、交際費、接待費、機密費その他の費用で、法人が、事業関係者等に対する接待等のために支出するものをいう旨規定しており、当該支出が交際費等に該当するかどうかについては、〔1〕支出の相手方が事業関係者等であり、〔2〕支出の目的が、事業関係者等との間の親睦の度を密にして取引関係の円滑な進行を図るためであるとともに〔3〕支出の原因となる行為の形態が、接待等であることの三要件に該当することが必要であると解される。

そして、支出の目的が接待等のためであるか否かについては、当該支出の動機、金額、態様、効果等の具体的事情を総合的に判断して決すべきであり、また、接待等に該当する行為とは、一般的にみて、相手方の快楽追求欲、金銭や物品の所有欲などを満足させる行為をいうと解される（東京高等裁判所平成15年9月9日判決）。」

② 支出の相手方

「本件各卒業式の出席者は、上記のとおりとされており、本件卒業生については、上記のとおり、講師の資格を取得し、さらにZ講座を修了することによってE会○○校を開設することができ、また、上記のとおり、講師セミナー等の各講座を受講する資格を取得することができることから、今後、請求人と一定の取引関係を有する可能性のある者である。」

「本件各昼食費用等の支出の相手方である本件各卒業式への出席者は、請求人の事業関係者等に該当するものと認められる。」

③ 支出の目的

「本件各卒業式は請求人の事業における重要な収入源（筆者注・卒業生のうち『免状料』を支払った者が卒業式に出席できる。）であるということができるとともに、本件各卒業式の式次第等からみても、本件卒業生に免状を授与することが本件各卒業式を行う本来の目的であると認められ、かつ、本件各卒業式がホテルを会場として行われることにも、一定の合理性が認められる。」

「卒業式が長時間に及び、昼食の時間帯にまたがっていることを理由としているところ、〔1〕上記のとおり、本件各卒業式が、…という主要都市の各ホテルを会場としていること、〔2〕上記のとおり、請求人の教室が全国にわたっていること、及び〔3〕上記のとおり、各エリアの地理的範囲が極めて広いため、遠隔地から出席する者も想定されることから、本件各卒業式の開始時間及び終了時間がそれぞれ午前11時及び午後3時30分に設定されているものと認められ、これらのことを考慮すると、昼食を供与することに相当な理由があるものといえる。」

「また、本件各卒業式で供与される昼食の内容及び程度については、上記のメニューや単価からすると、殊更豪華な昼食とは認められず、さ

らに、昼食において供与される酒類は、上記のとおり、乾杯において供与されるシャンパングラス一杯のシャンパンのみで、そのほかに酒類は供与されていないことからすれば、本件卒業生の講師の資格を取得することを目的とした区切りの行事において儀礼的に供与される程度のものであると認めるのが相当である。」

「したがって、本件各卒業式において昼食を供与することには合理的な理由があるということができ、また、本件各卒業式が行われる場所、供与される酒類の量及び食事の程度を併せ考えれば、本件各卒業式において社会通念上供与されると認められる通常の昼食の範囲内にあるというべきである。」

④　行為の形態

「本件各卒業式において昼食及び乾杯のための酒類を供与する行為は、上記のとおり、本件各卒業式において、ホテルを会場として昼食を供与する必要性があること、及び供与される昼食は社会通念上供与されると認められる通常の昼食の範囲内にあり、酒類は儀礼的な乾杯のためにのみ供与されていることから判断すれば、当該行為が直ちに出席者の上記の快楽追求欲を満足させる接待等に該当するものとまではいうことはできない。」

（4）検討

まさに英文添削費差額事件控訴審判決の趣旨を直接採用した事例です。審判所は粛々と「三要件」への該当性を判断し、その結果、「交際費等」ではないとしました。

注目すべきは「行為の形態」について、料理等の単価を理由としている点です。英文添削費差額事件控訴審判決においても、「支出の目的が接待等のためであるか否かについては、当該支出の動機、金額、態様、

効果等の具体的事情を総合的に判断して決すべきである。」としているところです。要するに、人間の心理的欲求をどの程度満足させたかを客観的に測定するのは金銭的価値がものさしになる、というごく一般的にわかりやすい説明でしょう。しかし、審判所が言うように、「儀礼的に供与される程度のもの」が接待等から除かれるのであれば、少額の手土産代や通常の慶弔費なども交際費等から除外して良いのかという疑問が生じます。

なお、昼食等に係る費用の額は、下記の通りです。

■昼食等に係る費用の概要

区　　　分	卒業式の回数	のべ参加者数	「昼食等に係る費用の額」の合計	１人当たり単価概算
平成18年６月～平成18年７月	7	約1,800名	¥7,403,115	¥4,112
平成18年11月～平成18年12月	7	約1,900名	¥7,737,664	¥4,072

2-4 個人代理店を報酬基準に従って海外旅行に招待した費用は交際費等とした事例

東京高判平成17年8月31日税資255号順号10111
東京地判平成17年1月19日税資255号順号9901

（1）争点

　栄養補助食品等の輸入販売業を営む原告が、自己の商品について優秀な販売実績を達成した個人事業主（ディストリビューター）に対し、原告の米国親会社であるＢ（以下「米国親会社」という。）が設定した報酬基準に従って海外旅行に招待し、これに要した費用（以下「本件旅行費用」という。）は、交際費等に該当するか。

（2）裁判所の判断

　【三要件説】

　①「『交際費等』に当たるためには、法人が、その得意先、仕入先その他事業に関係ある者等（事業関係者）に対して支出する費用であること、及び、接待、供応、慰安、贈答その他これらに類する行為のための費用として支出されることが必要である。

　そして、接待、供応、慰安、贈答その他これらに類する行為のための費用として支出されたものか否かを判断するに当たっては、支出の対象が接待等の行為に該当するか否か、支出の目的が接待等のためといえるか否かを判断する必要があり、これらについては、当該支出の動機、金額、態様、効果等の具体的事情を総合的に考慮して判断すべきであると解される。

　また、交際費等の支出を損金に算入できないとする措置法61条の4第1項の趣旨は、企業の冗費、濫費を抑制して価格形成の歪みを排除する

ことにあると解されるところ、同項は、(資本金1億円以上の法人については) 交際費等に該当する支出すべてについて損金不算入とすることを定めているのであるから、交際費等に該当するか否かは、当該支出が『交際費、接待費、機密費その他の費用で、法人が、その得意先、仕入先その他事業に関係ある者等に対する接待、供応、慰安、贈答その他これらに類する行為のため』の支出であるか否かを判断すれば足り、それ以上に、個々の具体的な支出について、それが冗費、濫費に該当するか否かを検討する必要性はないというべきである。

さらに、措置法61条の4第1項は、法人税法22条1項によって損金に算入されるべき費用であっても、交際費等に該当する場合は、政策的配慮から損金に算入できないこととした特別規定であるから、当該支出が交際費等に該当することが認められれば、それ以上に当該支出が法人税法上のどのような費用（販売費、一般管理費等）に該当するか否かを検討する必要性は認められない。」

② **支出の相手方**

「本件旅行費用の支出の相手方は、予め定められた販売数量を達成した各DS（ディストリビューター。『個人事業主』のこと。（筆者注））であって、原告の事業関係者に対する支出であることは当事者間に争いがない。」

③ **行為の形態**

「本件旅行費用は、…原告及びDSの事業内容とは何らかかわりなく、個人としてのDSの歓心を得る行為にほかならないから、一般的にいえば、典型的な接待または慰安に類する行為に該当するものというべきである。」

「『接待、供応、慰安、贈答その他これらに類する行為』というためには、行為の性質が、客観的に接待、供応、慰安、贈答その他これらに類

するものであれば足りるというべきであり、それ以上に、当該行為が事業関係者に対する業績の対価として行われたものであるか否かによって、当該行為自体の客観的な性質が変容することになるものではないと解される。」

④ 支出の目的

「ある支出が接待等の目的を持って支出されたものか否かは、支出の動機、金額、態様、効果等の具体的事情を総合的に考慮して判断されるべきである。

本件旅行費用は、事業関係者を旅行に招待するために支出された費用であるところ、旅行は参加した者に個人的な楽しみを提供する性質を持つものであることからすると、本件旅行費用の支出の主な目的は、参加するDSの個人的な歓心を買うことにあるものであって、DSを慰安する目的で支出された費用ということができる。」

⑤ DSの認識

「交際費等該当性は、支出する側において、支出の動機、金額、態様、効果等の具体的事情を考慮して、接待等の目的を持って支出された費用と認められるかどうかによって認定されるべきものであって、実際に経済的利益を付与された事業関係者において、当該利益についてそれを特別の利益として認識しているか否か、あるいは税務上どのような申告をする取扱いとなっていたかによって交際費等該当性が左右されるものとは解されない。なお、旅行に参加する各DSは、原告が本件旅行費用を負担していることを認識していることは明らかであるから、原告から利益（特別な利益である必要はないと解される。）を受けているという認識を有していることも明らかである。」

(3) 検討

　この事案も典型的な三要件説の立場に立っています。注目すべきは、経済的利益の受益者の主観的認識は交際費等該当性の判断に影響しないとしている点です。淡々と三要件を満たせば「交際費等」に該当するとしています。本件のDSが自己の従業員である場合には、当然、措法61の4第3項第1号の「専ら従業員の慰安のために行われる運動会、演芸会、旅行等のために通常要する費用」かどうかがポイントになるでしょう。

2-5 就職内定者の囲い込み費用は会議費ではなく交際費等とされた事例

さいたま地判平成16年2月4日税資254号9549

（1）争点

　採用内定懇親会及び採用内定者懇親旅行（以下「本件懇親会等」という。）の費用が「交際費等」に該当するか。

（2）当事者の主張

①　納税者

　「本件懇親会、本件懇親旅行は、内定者を企業の労働力として確保するとともに、企業理念、経営方針、業務内容に対する理解を深め、入社日までの漠然とした不安を取り除き、入社後即戦力として業務に携わってもらうことを目的として行われている。」

　「本件懇親旅行においては、会議室での自己紹介から夜のミーティングまで、一貫してネームの着用が義務づけられているのも、単に遊興、飲食に終始する趣旨ではないことを示している。内定者のほとんどが原告に入社している実態からして、これらの行事は、本質において、企業が内定者をもてなすというものではなく、むしろ入社のほぼ確実な内定者に対して、企業から一定の成果を期待して働きかけていくものであって、内定者を学生から社会人へ橋渡しする役割を担うものである。」

　「よって、その目的を『接待、供応、慰安』とは評価できず、『研修、人材育成』と捉えるべきである。」

②　税務署長

【三要件説】

　「当該支出が交際費等に該当するというためには、第1に支出の相手

方が事業に関係のある者であり、第2に支出の目的が接待、供応、慰安、贈答等の行為により、事業関係者との間の親睦の度を密にして、取引関係を図るのを目的とすることを必要とする。」

「『交際費等』の該当性については、形式で判断するのではなく、その支出の実質によって判断しなければならない。」

(3) 裁判所の判断
【三要件説】

「交際費等に該当するというためには、第1に支出の相手方が事業に関係のある者であり、第2に支出の目的が接待、供応、慰安、贈答等の行為により、事業関係者との間の親睦の度を密にして、取引関係を図るのを目的とすることを必要とすると解される。」

「採用内定者に対し、会社の内容を説明したり、入社後スムーズに会社の業務につけるよう行ういわゆる事前研修を行うことは、一定の必要性が認められるから、それに伴う合理的な範囲の費用は会議費、採用費、又は研修費に該当し、交際費等に当らないものと解される。しかし、会議等に伴い飲食が提供された場合に交際費等から除外されるのは、『会議に関連して、茶菓、弁当その他これらに類する飲食物を供与するために通常要する費用』（措置法施行令37条の5第2号）に止まるのであり、その規定ぶりから、その範囲は普通一般に観念される昼食費用を超えない程度のものが想定されていると解される。」

(4) 検討

税務署長のいう「実質的判断」とは何でしょうか。税務署長の主張は三要件説であると思われますが、これに加えて他の「実質的」要素をも検討の対象とすべきであると言っているのでしょうか。

「『交際費等』に該当する支出を帳簿の形式上交際費以外の科目（例えば、採用費、福利厚生費、広告宣伝費等）で会計処理を行っていたとしても、その支出内容が措置法61条の4第3項の規定に該当する限り、それは、『交際費等』に該当するのである。」と主張していることから、「形式」に対応する概念としての「実質」と考えていると思われます。それでは、この「実質」の内容はどういうものなのでしょうか。「実質」を検討するに当たって、考慮する内容は何なのでしょうか。交際費等課税のトレンドである三要件説の指す要件を考慮するのか、あるいは、交際費等課税の立法趣旨まで立ち返って考慮する[41]のでしょうか。

　内定者旅行について、裁判所は、「当該法人に所属する従業員の労働力の確保とその向上を図るという福利厚生費の性質からすれば、法人は、未だ何ら労働を提供していない採用内定者に対し福利厚生費を支払うことは観念できるものではない。」ことから、「採用内定者は、措置法61条の4第3項かっこ書の『従業員』に含まれないと解するのが相当である。」としているが、疑問です。「支出の相手方」について、裁判所自ら「支出の相手方は、採用内定者であり、『事業に関係のある者等』に含まれると認められる。」としています。これは、「『事業に関係のある者』には、近い将来事業と関係をもつにいたるべき者を含む。」（後述の「3－1興安丸事件（レセプション事件）」）という考え方がまさにあてはまるところです。内定者懇親会のように、将来の取引（ここでは雇用関係）を期待しての交際という類型が十分予想される[42]のですから、この考え方は妥当でしょう。にもかかわらず、措法61の4第3項かっこ書の「従業員」を文言通りに限定解釈するのはいささか形式的に過ぎないの

41　「交際費課税において規制すべき対象は、事業との関連において支出された、過剰で不必要な接待等の費用（冗費）というべきである。」「『冗費性』、『支出の相手方』、『支出の行為』、『支出の目的、動機』について、個別具体的に検討されるべきであろう。」（三木他・判例分析Ⅱ321頁、323頁）。
42　高梨論文22頁。

ではないかと思われます[43]。たとえば、退職した従業員の送別会を退職前に開催すれば福利厚生費で、退職後（ほどなくして）に開催した場合は交際費等になるのでしょうか[44]。4月1日の入社式に出席するために、3月30日頃から本店付近の宿泊先に滞在する費用等についても同様の指摘が可能です。

　内定者懇親会や内定者旅行が、「親睦の度を密にして、取引関係を図る」目的を持っていることには一般的に異論はないでしょう。本件懇親会等のスケジュールをみると、およそ客観的に研修や人材育成の要素は見受けられず、まさに「接待」や「慰安」を通じて親睦を深めるためのイベントであったことが推察されますので、「支出の目的」要件も満たされると考えます。しかし、裁判所はこの点について、ストレートには言及せず、「会議に関連して、茶菓、弁当その他これらに類する飲食物を供与するために通常要する費用」（措令37の5②二、以下「会議費」という。）であるかどうかをもって交際費等該当性（あるいは非該当性）を判断しています。措令37の5②二は、除外規定ですので、そもそも交際費等かどうかにつき判断したうえで、除外規定にあてはまるかどうか検討すべきです。これは、「会議に関連して、茶菓、弁当その他これらに類する飲食物を供与するために通常要する費用」が創設規定であったとしても確認規定であったとしても、同様です。仮に会議費に該当しないとしても、除外規定のひとつに該当しなかったに過ぎないのですから、

43　したがって、内定者懇親旅行の1泊2日一人当たり約22,000円の費用について、上記一人当たり旅行金額が必ずしも少額とはいえないとしつつも、「通常要する費用」かどうかの判断は行われませんでした。

44　駒崎他・交際費246頁では、「採用内定者は貴社の従業員ではないことからすると、貴社の従業員等に対して支給するものとは異なり通常の福利厚生費には該当しないとも考えられます。しかしながら、採用内定者は一般的には貴社の従業員になることが予定されており、単なる仕入先等取引先の従業員とは異なり、貴社の従業員と同様の立場にあると考えられます。」とし、従業員と同様の内容で支給された採用内定者に対する災害見舞金等については交際費等には該当しないという見解を採っています。

最初に戻って「交際費等」かどうかを粛々と検討すべきでしょう。

　なお、懇親会の一人当たり単価は8,602円から11,167円であり、裁判所はこの金額をもって「会議に関連して、茶菓、弁当その他これらに類する飲食物を供与するために通常要する費用」に該当しないとしています。

2-6 外国の公社との取引に際し機械等を無償で贈与するために支出した金員が交際費等とされた事例

広島高判平成16年3月3日月報51巻3号746頁
広島地判平成14年3月28日月報51巻3号777頁

(1) 事案の概要

　X社がミャンマー国林野庁森林公社（以下「MTE」という。）から木材を購入する際に、Xが原木の輸入取引を独占できるようにするための対策として、無償で贈与した林業機械等（本件機械等）を購入するために要した費用（本件各金員）は交際費等に該当するとされた事例です。

(2) 当事者の主張

① 納税者

「XとMTEは、売買契約書記載の価額に本件各金員を含めた価額を原木取引の売買代金として合意していたのであるが、MTE担当者より、その一部については、第三国に口座（本件各預金口座）を開設し、そこに送金、留保しておいて、MTEの指示に基づき、機械等を購入して、MTEに送付するよう取り計らってもらいたいとの要請があったため、これに応じて送金していたものが、本件各金員の実態である。このような、複雑な扱いをしたのは、売買代金全額を、ミャンマー国の公の口座に送金すると、ミャンマー国の軍事政権によって把握、管理されてしまい、MTEが自由に使用できなくなってしまうからであった。以上の経緯は、MTEの担当者が書簡をもって証明していることからも明らかである。したがって、本件各金員は、売買代金の一部である。」

② 税務署長

「本件各金員は、原告がMTEからの原木の輸入取引を独占する見返

りとして、MTEに対し、機械等を無償で贈与するべく、その購入資金として、原告が国外で管理していた預金口座に送金した裏金である。原告は、本件各金員は、原木取引の売買代金の一部であり、そのことは、MTEの担当者が書簡をもって証明していることからも明らかであると主張するが、売買契約書やインボイスにも本件各金員が、売買代金の一部であることの記載がなく、またMTEの担当者の書簡も、何ら客観的な裏付けがなく、その内容もあいまいであることから信用することはできず、本件各金員が、原木取引の売買代金の一部であると認めることはできないというべきである。仮に、本件各金員が民法上の売買代金の一部であるとしても、取引関係の円滑な進行を図る目的の下、時価を上回る価額で対価を設定した場合には、その時価を上回る部分については、実質的には贈与に他ならず、租特法61条の4による交際費課税の対象となるべきところ、本件では、原木の客観的時価は、売買契約書記載の金額に他ならないから、それを上回る本件各金員は、売買代金の一部の形をとっていたとしても、実質的には贈与に他ならず、交際費課税の対象となる。」

(3) 裁判所の判断
① 第一審
「確かに、本件各金員は、本件各売買契約書やMTEからの原木のインボイスにも何ら記載がなく、また、これに関する契約書等、その支払根拠を明らかにする客観的書類は一切作成されていないばかりか、本件各金員は、ミャンマー国政府に把握されない第三国の預金口座へ、MTEが使用する趣旨のもとに合意、送金されたのであって、その支払形態において不自然な点は多々認められ、さらに、〈証拠略〉にみられるように、原告代表者が、被告の調査に対し、当初、本件各金員を原木

の独占的供給を受けるための見返りとしての『裏金』と評していたことからすれば、原木取引に関して、原告がMTEから便宜有利な取り計らいを受けるために、本件各金員を支払ったとする被告の主張も肯けないわけではない。

しかしながら、それは、前記認定のとおり、専らMTE側の都合と指示によるものであって、原告が原木を入手するためには、MTEの指示に反対する余地はなかったのは明らかであり、原告に何らの責があるわけではないし、H（MTEの担当者（筆者注））の陳述書（〈証拠略〉）によれば、300万ドルの範囲においてMTEが自由に使用できる金員を留保することを政府より認められており、本件各金員は、その範囲内で使用されたものであって、ミャンマー国内においても何ら違法とされるものではないとされていること、また、現に、原告からMTEへ送付された機械等が、何の支障もなく税関をとおり受領されていることなどからすれば、本件各金員の授受が、ミャンマー国政府に無断でなされたとは考えがたい。

本件各金員の使途についても、〈証拠略〉のインボイスに記載されたMTEへ送付された機械の種類をみると、一部には原木と関わりのないものも含まれているものの、そのほとんどが、原木加工のための機器類等で占められ、本件各金員の大半は、MTEの行う事業に関連のある物の購入に充てられていると考えられるのであり、いわゆる饗応、接待等、個人的に費消されたものではなく、典型的な賄賂の類でもないことは明らかである。さらに、本件各金員の金額の定め方も、本件各売買契約書に記載された原木単価を増額するものであって、取引数量に比例する形になっており、原木の取引数量とは関係なく一定額を支払うこととはなっていないこと、また、前記のとおり、本件各金員の支払をなさなければ、MTEから原木の引渡しはなされず、原告において任意に支

払ったものではないと考えられること、原木取引は事実上原告に独占され（平成６年度取引は入札が行われたが、形式だけであった。）、他に競争相手となるような同業者が見当たらず、原告において、ことさら将来の原木の独占的供給をMTEに働きかける必要はなかったこと、以上の事実を総合勘案すれば、本件各金員は、被告が主張するように、将来の原木の独占的供給の見返りを受ける趣旨で支払われたものとみるのは相当ではなく、まさに当該取引にかかる原木を入手する趣旨で支払われた金員であるとみるべきであり、それは、原木の対価、すなわち、売買代金に他ならないというべきである。以上より、本件各金員は、原木取引の売買代金の一部となっていたというべきである。」

「また、被告は、仮に、本件各金員が民法上の売買代金の一部であるとしても、それは、取引関係の円滑な進行を図る目的の下、時価を上回る価額で対価を設定したものであるから、その時価を上回る部分については、実質的には贈与に他ならず、交際費課税の対象となるべきと主張するが、前記認定説示のとおり、本件各金員は、時価を上回る部分と認めることはできず、よって、実質的な贈与とみることもできない。」

② **控訴審（税務署長が控訴）**

ア 「本件各預金口座の入出金記録によれば、送金された本件各金員を区別して本件機械等の取得費用に充てていたわけではなく、被控訴人による他の入出金も加わって、本件機械等の取得と関係のない機械の購入や被控訴人のヤンゴン事務所の経費の支払等にも充てられていたことが認められ、本件各預金口座は被控訴人が実質的に管理していたものということができる。」

イ 「被控訴人の代表者Ｃは、本件各処分の前の平成７年９月14日及び同年10月３日に行われた国税調査官による調査において、本件各金員は、被控訴人が原木の独占供給を受けるためにMTEに対する

裏金を捻出・留保する目的で法人Bの本件各預金口座に送金したものである旨明確に供述しており、原木取引の売買代金の一部であるとの供述は一切していない。」

ウ 「国税調査官に対するCの当初の供述やGの銀行員に対する当時の説明のとおりとすれば、上記のような不合理もなく、本件各金員の送金方法や本件各預金口座の管理の実態についても矛盾なく首肯することができるのであって、被控訴人は、本件各金員は原木の売買代金の一部ではなく、MTEから独占的に原木の供給を受けるためのMTEに対する裏金であるとの認識を有していたものと認めるのが相当である。」

エ 「本件各金員が本件各売買契約書に記載されず、これに関する書面も取り交わされず、しかも第三国であるシンガポールに本件各金員の送金のためにわざわざ法人Bを設立し、その預金口座に本件各金員を送金して、MTEの名義が表面に現れないようにしていることからは、MTEにおいても、本件各金員が正規の売買代金の一部であるとの認識を有していたかどうかは疑わしいものといわざるを得ない。このことは、本件各金員がMTEの必要とする機械・パーツ等の取得費用に充てられたからといって変わるものではない。」

オ 「本件各金員は、MTEからの要求に応じて上記のような趣旨、目的の裏金に充てるために、被控訴人がその管理する本件各預金口座に送金したものということができる。そして、被控訴人はその目的に従って本件各金員を原資として本件機械等を取得したものと認めることができ、この認定を妨げるに足りる証拠は存しない。また、本件機械等が被控訴人からMTEに送付され、その代金の支払もされていないことからすれば、本件各金員は、被控訴人が原木の輸入取引を独占することができるようにする目的で、MTEとの関

係を良好に維持するための資金に充てるべく、自己の資金を国外に送金したものであり、その上で、本件各金員によって本件機械等を購入して、前同様の目的でMTEへこれを無償で贈与したものと認められるのである。

　そして、このように被控訴人が本件機械等をMTEに無償で贈与した行為は、被控訴人の事業の遂行上必要なものとして原木取引の相手方であるMTEとの関係を円滑にする目的で行われたものであって、租特法61条の4第3項の『仕入先その他事業に関係のある者等に対する』『贈答その他これに類する行為』に該当し、本件機械等を取得するために要した費用は、『贈答その他これに類する行為のために支出した費用』に当たるというべきである。」

（4）検討

　この事件についても、「無償の贈与」であるならば、「寄附金」に該当しないのだろうかという疑問が生じるところです。ある支出の寄附金該当性の判断要素のひとつに「事業関連性」の有無が問題になることはすでに述べました[45]。本件の機械購入資金の贈与は、事案の概要から、MTEとの取引関係を円滑に進めるためのものであり、明らかに事業関連性を有しているとみるべきで、「寄附金」に該当することはなさそうです。控訴審でも「事業の遂行上必要なもの」と認定しています。

　以上、英文添削費差額事件控訴審判決以降になされた交際費等に関連するいくつかの裁判例及び裁決事例を取り上げてきました。このように、裁判所の態度も二要件説であったり三要件説であったりと、統一的

45　本書「1-1　ドライブイン事件 4 検討(3)対価性の有無～寄附金該当性～」参照。

見解がなされていないのが現状です。それどころか、二要件説あるいは三要件説の各要件に該当するかどうかの検討すら明示していない裁判例も散見されるところです。たとえば、受注することができたことの見返りに支払った手数料が交際費等であるとされた事例（千葉地判平成19年1月30日税資257順号10619）では、裁判所は二要件又は三要件に該当するかどうか検討していません。そこでは、販売手数料や外注加工費につき、これらの費用は設備の受注を受けることができたことによる「謝礼」であるとして、格別の役務提供がないことを理由に「交際費等」としていますが、結論はともかくそのプロセスに疑問です。

また、情報提供に伴う対価が交際費等であるとされた事例（熊本地判平成17年12月22日税資255号順号10254）においても同様で、裁判所は二要件又は三要件に該当するかどうか検討していません。そこでは、「措置法通達61の4（1）－8は、情報提供に対する正当な対価と交際費等との区分について、当該金品の交付につき、〔1〕その金品の交付があらかじめ締結された契約に基づくものであること、〔2〕提供を受ける役務の内容が当該契約において具体的に明らかにされており、かつ、これに基づいて実際に役務の提供を受けていること、〔3〕その交付した金品の価額がその提供を受けた役務の内容に照らし相当と認められること（非該当の3要件）を全て満たす場合には交際費等に該当しないとしているが、損金に算入すべき正当な対価としての『情報堤供料等』と損金に算入すべきではない『交際費等』とを区別する基準として合理的であって、妥当な判断基準と解される。しかして、本件金員は、前記説示のとおり、このうち、〔1〕及び〔2〕の要件を満たしていないから、これに拠っても交際費等に該当するというべきである。」とし、通達の要件に該当するかどうかを交際費等該当性の根拠としています。

さいたま地判平成20年1月30日（税資258号順号10878）においては、

従業員の懇親会費用につき、「懇親会マニュアルに従って支出されたことが確認できないのであるから、同マニュアル記載の目的のために支出されたとも、一定の基準に従って支出されていたとも認められず、さらに、その額の相当性の確認ができないのであるから、原告の業務との関連が明らかでないか、交際費等に該当すると判断せざるを得ない。」としていますが、そもそも業務関連性が不明瞭であるならば寄附金としての検討をしなければならないでしょう。

3 その他の判例

次に、英文添削費差額事件控訴審判決より前になされた主な判例について概観します。

3-1 興安丸事件（レセプション事件）

東京地判昭和44年11月27日行裁例集20巻11号1501頁

（1）事案の概要

この事件は、引揚船から遊覧船に模様替えした興安丸を晴海岸壁にけい船し、その船体及び船内を一般の観覧に供することによって遊覧船として宣伝する目的で支出されたものであるレセプション関係費について、交際費等か広告宣伝費かが争われた事例で、結局、広告宣伝費として認定されたものです。

海運業を営む原告Ｘは、引揚船として有名であった「興安丸」を遊覧船に模様替えし、豪華な遊覧船であると宣伝するためにレセプションを開催しました。招待されたのは、将来主として団体客を吸引できそうな点に主眼をおき、地域的には東京都及びその近郊居住の者で、階層的には課長以上の地位にある者を任意抽出して選定し、その人数も５万人にのぼりました。

（2）裁判所の判断

①「法63条２項所定の『交際費等』というためには、少なくとも、つ

ぎの要件を具備していることを必要とするというべきである。その第一は、法人の当該事業経費が『事業に関係のある者』に対して支出されたものでなければならないということである。もとより、ここにいう『事業に関係のある者』とは、近い将来事業と関係をもつにいたるべき者をも含み、これを除外する合理的理由はないが、だからといつて、不特定多数の者まで含むものでないことは、右の文言からみても、また、前叙のごとき本条の立法趣旨に徴しても明らかである。その第二は、『接待、きよう応、慰安、贈答』等企業活動における交際を目的とするものであつて、商品、製品等の広告宣伝を目的とするものではないということである。もつとも、右の両目的は、相排斥する絶対的なものではなく、究極的にはいずれも企業利益に貢献することは否めないところであるから、現実の支出については、その主たる目的がそのいずれに存するかによつて、当該経費の性質を決定すべきである。また、その第三は、支出金額が比較的高額であるということであり、このことは、法63条2項および同法施行令39条が『交際費等』から除外するものとして挙げている費目の性質に徴して明らかである。」

②「本件レセプション関係費は、原告会社が興安丸を遊覧船として使用するに当り、それが永年引揚船に使用されていた関係で、一般には粗末な引揚船の印象が強いところから、かかる印象を払拭し、面目一新した容姿を公衆の観覧に供することによつて顧客を吸収せんとする意図のもとに支出された事業経費であり、招待客の選定に当つては、東京都およびその近県居住の者で、階層的には興安丸を団体利用するにつき各職場において決定権を持つと推定される銀行、会社、官公庁の課長以上の地位にある者を、公刊の各種名簿類から抽出する方法によつて決定したことは，いずれも、当事者間に争いがない」

「当日参観のために集まつた者も、招待状を発送した1万5〜6,000名

を遥かに超える約5万名に達し、招待券を持つていない者に対しても、バスの利用、船内の参観、オデン料理等の飲食のきよう応、シヨルダーバックの贈呈等すべて招待券を持つている者と同様の接待をした。」

③「本件レセプション関係費は、興安丸を遊覧船として就航せしめるに当たり、それを公衆の観覧に供することによつて広い観客層を獲得せんことを目的とし、且つ、その対象者も、事業に関係のある者のみに限定されることなく、一般大衆にも及んだというのであり、しかも、これに要した前記費用も、披露の開催に必要なもの又は広告宣伝を効果的ならしめるもの、ないしは、その単価の点からみて社会通念上参観者に対する儀礼の範囲を出ないきよう応費であるというを妨げないものであるから、本件レセプション関係費は、被告主張のごとく昭和29年5月19日付国税庁長官通達にいう進水式の招待費とは趣きを異にし、興安丸の広告宣伝費であつて、法63条2項にいう『交際費等』には該当しないものと認めるのが相当である。」

(3) 検討

この判例も有名な判例のひとつです。

広告宣伝費として裁判所が認定した費用は下記の通りです。

単位：円

項　　　目	金　　額
招待状印刷・発送関係費	107,760
桟橋及びテント村等設置費	500,000
興安丸けい留中の岸壁電話の費用	36,000
新橋駅と晴海岸壁間の参観人送迎用バスの費用	52,500
新聞による披露の広告協力費	40,000
当日のオデン料理の酒食の提供費	1,400,468
参観者に配付した興安丸の絵葉書代	150,000
当日参観者に配布した興安丸のネーム入りの胸章、タオルの費用	152,000
当日参観者に贈呈したショルダーバック1万2,000個分の費用（単価210円）	2,520,000
合計	4,958,728

　裁判所は、本件レセプション費用の交際費等該当性について、以下の3つの要件を掲げています。

① 支出の相手方が事業関係者であること。
② 「接待、きよう応、慰安、贈答」の行為があること。
③ 支出金額が比較的高額であること。

　上記支出内容から判断すると、これらのレセプション関係費用のうち相当程度が来客者への贈呈品であることを考慮すると②の要件については、一定程度満たすものと思われます。問題は①の「事業関係者」の要件です。本判決はここが最も大きな論点になっています。つまり、支出の相手方について、「『事業に関係のある者』とは、近い将来事業と関係をもつにいたるべき者をも含み」としていることからも、将来遊覧船の乗船客となるであろう一般消費者もここでは「事業に関係のある者」であることには違いないというスタンスをとっています。そのうえで、「不特定多数」の者を対象としている場合については、交際費等から除外するとしています。これは、妥当な結論でしょう。およそ企業は、最

終的には自己の商品や役務を広く一般に販売・提供することにより対価を得て活動し続けていく存在ですから、「事業に関係のある者」に何らかの支出をするのはごく当たり前の出来事であるからです。したがって、①の要件は、企業の取引相手のうち特定された層であることを要件とすべきでしょう。前述のドライブイン事件がまさにそうでした。

この点、本件レセプションは、当初、一定の階層の見込客にターゲットを限定して招待状を送付していることから、この段階では、支出の相手方は「不特定多数」ではないと言えます。しかし、本件レセプションは招待状を受け取った者以外の者も参加することができ、結局、招待状発送者1万5,000〜1万6,000名に対し、5万人もの参加者があったということで、この点を考慮して「不特定多数」の者を対象としたものと判断したと推測されます[46]。

仮に、対象者が「不特定多数の者」ではなかったとすれば結論は変わるでしょうか。措令37の5②一において「カレンダー、手帳、扇子、うちわ、手ぬぐいその他これらに類する物品を贈与するために通常要する費用」とあることから、この要件に該当するかどうかが検討されるべきでしょう。

---

46 招待状送付者については「特定」の者として、その他の者と区分して「交際費等」とする考え方もあります（碓井光明「交際費等の意義と範囲」税務弘報31巻2号6頁、8頁）。

3-2 従業員の忘年会等の費用が交際費等とされた事例

東京地判昭和55年4月21日行裁例集31巻5号1087頁

(1) 争点

社外において従業員相手に支出した忘年会等における飲食費等は福利厚生費ではなく交際費等に該当するか。

(2) 裁判所の判断

「一定限度を超える交際費等の損金算入を否認する趣旨が法人の濫費抑制の点にあることを考慮すれば、法人が従業員等の慰安のために忘年会等の費用を負担した場合、それが法人が社員の福利厚生のため費用全額を負担するのが相当であるものとして通常一般的に行なわれている程度のものである限りその費用は交際費等に該当しないが、その程度を超えている場合にはその費用は交際費等に該当すると解するのが相当である。」

「忘年会等が右のような意味で通常一般的に行なわれている程度のものか否かは個々の忘年会等の具体的態様、すなわち開催された場所、出席者一人あたりの費用、飲食の内容等を総合して判断すべきであって、社外で行なわれたか否かということだけで判断すべきではない。」

(3) 検討

従業員が「事業関係者」に該当することについては諸説[47]がありますが、これまで見てきた裁判例が比較的幅広く事業関係者をとらえていることからすると、どうやら従業員も「事業関係者」に含まれる[48]可能性が高そうです。この事案では、裁判所は、忘年会費用等についてある一

定程度の金額の範囲内であれば、交際費等には該当しないというスタンスをとっています。これは、福利厚生費に該当するかどうかの判断基準を「通常一般的に行なわれている程度のもの」としたことになります。以下、裁判所の判断基準をまとめます。

項　　目	一人当たり費用	結　　論
忘年会・二次会	約9,000円	交際費等
御用納め	約32,000円	交際費等
会社創立記念パーティ	約2,700円	交際費等
社員飲食代	約5,000円	交際費等

　これらは、いずれも昭和47年から昭和49年頃の事例ですので、この金額をそのまま現在にあてはめることは不合理だと考えますが、ポイントは一定の金額基準をもって「福利厚生費」性の有無を判断していることに注意する必要があります。

47　たとえば、従業員は事業関係者から除かれるとして、鳥飼貴司「交際費等の税法上の位置とその課税のあり方」北野弘久先生古稀記念論文集刊行会編『納税者権利論の展開』305頁、318頁（勁草書房・2001）。なお、措通61の4（1）-22では、「『得意先、仕入先その他事業に関係のある者等』には、直接当該法人の営む事業に取引関係のある者だけでなく間接に当該法人の利害に関係ある者及び当該法人の役員、従業員、株主等も含むことに留意する。」とされています。
48　「法人の役員、従業員も『事業に関係のある者等』に含まれることを前提とし、特にかつこ書きを設けて従業員を対象とするもののうちもっぱら従業員の慰安のために行なわれる運動会、演芸会、旅行等のために通常要する費用その他政令で定める費用のみを交際費等から除外していると解すべきである」（東京地判昭和55年4月21日行裁例集31巻5号1087頁）。「3-3　記念祝賀会の費用」においても、裁判所は同旨の指摘をしています。

3-3 記念祝賀会の費用

東京地判昭和57年8月31日行裁例集33巻8号1771頁

(1) 争点

会社創立30周年記念式典及び祝賀会の費用は、福利厚生費か交際費等か。

(2) 裁判所の判断

「措置法62条は、『もっぱら従業員の慰安のために行なわれる運動会、演芸会、旅行等のために通常要する費用』については、損金不算入の取扱いを受ける交際費等から除外することとしている。措置法62条が4項の括弧書で右費用を交際費等から除外しているのは、従業員も『事業に関係のある者等』に含まれ、その慰安行事のため支出する費用が本来は交際費等に該当することを前提としながら右費用が通常要する費用の範囲を超えない限りは従業員の福利厚生費として法人において負担するのが相当」

「交際費等から除外されるためには、もっぱら従業員の慰安のための行事の費用であると同時に、当該行事が法人が費用を負担して行う福利厚生事業として社会通念上一般的に行われていると認められるものであることを要すると解するのが相当であり、たとえ従業員の慰安のための行事であっても、通常一般的に行われている程度を超えるときは、その費用は通常要する費用の範囲を超えるものとして交際費等に該当するものと解すべきである。そうして、当該行事が右の通常一般的に行われる範囲内のものであるか否かは、当該行事の規模、開催場所、参加者の構成及び一人当たりの費用額、飲食の内容等を総合して判断すべきであ

る。」

「本件支出が措置法62条4項括弧書に該当するかを検討するに、本件祝賀会の参加者627名の中には下請業者60名が含まれており、本件祝賀会がもっぱら従業員の慰安のためのものであるとはいえない。」

「本件支出は、総額590万3,835円に上り、従業員及び下請業者一人当たりの平均額で1万2,642円であって、わずか三時間前後の短時間に行われた行事の費用としては相当に高額であり、これらの諸点を総合すれば、本件祝賀会は、法人が費用を負担して行う福利厚生事業として社会通念上一般的に行われていると認められる行事の程度を超えているものといわざるを得ない。」

(3) 検討

本件においては、「専ら従業員の慰安のために行われる運動会、演芸会、旅行等のために通常要する費用」（措法61の4③一）に該当するかどうかが争点になりました。

結局、本件では、参加者一人当たりの金額が約1万2,000円[49]であることをもって、通常の範囲を超えているとし、交際費等に該当するとの結論です。では、金額が通常性を満たした場合において、参加者の中に従業員以外の者が含まれていれば、やはり「交際費等」に該当するのでしょうか。この点、現行の措法61の4③一は、「専ら従業員のために」としているところに注意する必要があります。つまり、社外参加者がある程度含まれていても、だからといって直ちに「専ら」要件に抵触するとはいえないということです。本件記念祝賀会全参加者627名中、下請業者は60名であったことを考慮すると、「専ら」かどうかについては非常に悩ましいところでしょう。裁判所はこの点、「本件祝賀会の参加者

---

[49] ただし、従業員の家族を参加者数から除外しているのは疑問です。

627名の中には下請業者60名が含まれており、本件祝賀会がもっぱら従業員の慰安のためのものであるとはいえない。」と判示していますが、「専ら」の具体的基準を示すことなく、このように判示したことには疑問が残ります。また、「通常要する費用の範囲」を超えていたとのことですが、こちらについても明確な基準は示されず、「三時間前後の短時間に行われた行事の費用としては相当に高額」としているに過ぎません。この点、現行ではいわゆる「5,000円基準」（措令37の5①）が明文化されている点を考慮すると、「通常性」の判断はこの金額が参考になるという考え方もあるかとは思いますが、措法61の4③は、「専ら従業員の慰安のために行われる運動会、演芸会、旅行等のために通常要する費用」とあることから、5,000円基準で判断するのは安易に過ぎると思われます。

3-4 社長の結婚披露宴の費用は交際費等ではなく役員賞与とされた事例

大阪高判昭和52年3月18日月報23巻3号612頁
京都地判昭和50年2月14日判時797号93頁、判タ324号309頁

(1) 争点

社長の結婚披露宴についての費用を会社が支出した場合、役員賞与に該当するのか、あるいは交際費等に該当するか。

(2) 裁判所の判断

「結婚披露宴はそもそも、結婚当事者が結婚の事実を双方の親族や親しい関係者らに知らせて、これらの者から祝福を受け、且つ今後の親交を願うため行なわれる行事であつて、結婚当事者が事業を経営している場合には、その事業にとつて重要な取引先あるいは同業者らに対して結婚を披露し、今後の取引の円滑な進行を願うこともその目的に含まれるのは当然である。このような結婚披露宴の趣旨に加え、披露宴が社会慣行上個人の私的行事とみなされる結婚式と同時に、すなわち挙式に引き続いて行なわれるのが通常であつて、いわば結婚式に付随するものであることを考えると、結婚披露宴は特別の事情が認められない限り結婚当事者の私的な社交的行事であると考えるのが相当である。」

「そこで、これを本件結婚披露宴についてみるに、さきに認定した事実に照らしてみても、それが、原告の取引先等の事業関係者を接待きよう応する目的で催されたものと認めうるような特段の状況を備えていたとは未だいいがたく、総じて世間一般の結婚披露宴と格別異なるところはみられないのであるから、結局本件結婚披露宴は訴外Xの私的行事として行なわれたものと認めるのが相当である」

「本件披露宴には原告の事業関係者が多数招待されているが、これは訴外Xが自己の社会的地位、交際範囲等から原告の取引先、同業者らを最も重要な関係者と判断して選択したものに過ぎないとみられるのであつて、またその結果、本件披露宴が原告と取引先等との間の円滑な取引の遂行に寄与した面があつたとしても、これは右披露宴に取引先等を招待したことの間接的な効果であつて、その故をもつて、本件披露宴が原告の事業遂行のために取引先等を接待する目的で行なわれたものとは解し難い。」

「社葬は死者が生前役員等として会社に功労があつた場合、その功労に対する餞として当該会社が主催して行なう儀式であつて、それは本来福祉厚生的な性格を帯びるものである。これに対し、結婚披露宴は本来私的な行事で通常結婚当事者がこれを行なうものであるから、社葬とは性質を異にするものというべきである」

「以上のとおり、本件結婚披露宴及びこれに関連する費用として原告が支出した金723,401円は訴外Xが個人として負担すべきものであり、原告の所得金額算定上隠れた利益処分たる賞与として処理すべきで、損金に算入することはできないというべきである。」

(3) 検討

本件については、そこに「接待等」の行為があったことには異論がないでしょうから、「支出の相手方」及び「支出の目的」について考えてみることにします。

① 「支出の相手方」

結婚披露宴の参加者が「不特定多数の者」ではないことは一般的にまず疑いのないところです。これまでみてきたように、判例では「支出の相手方」については比較的幅広くとらえる傾向があることがわかりまし

た。この点、英文添削費差額事件では、添削依頼者を全体として「事業に関係のある者」としたことから、参加者の一部に私的な友人知人がいたとしても、それだけで直ちに全体として「事業関係者等」ではない、すなわち交際費等に該当しないとまでは言えないことになります。

② 「支出の目的」

また、裁判所も「重要な取引先あるいは同業者らに対して結婚を披露し、今後の取引の円滑な進行を願うこともその目的に含まれるのは当然である。」としています。では、なぜ本件では交際費等該当性が否定されたのでしょうか。それは、

> ア 披露宴会場申込者や招待状発信者の名義が代表者個人名でなされていたこと。
> イ 披露宴費用の請求も代表者個人名宛てであったこと。
> ウ 招待者が持参した贈答品は会社ではなく代表者個人が受け取っていたこと（会社として収益計上していない）。
> エ 挙式料や新郎新婦の宿泊費など明らかに個人が負担すべきものが、披露宴会場側からの請求書に含まれていたこと。

など、外形的な状況証拠を積み上げて、全体として代表者個人の私的な支出であったと判示したからなのです。こういった事実をふまえて「取引先等の事業関係者を接待きよう応する目的で催されたものと認めうるような特段の状況を備えていたとは未だいいがたく、総じて世間一般の結婚披露宴と格別異なるところはみられないのであるから、結局本件結婚披露宴は訴外Xの私的行事として行なわれたものと認めるのが相当である。」としたのです。これらの点につき、当初から会社名義で証憑書類や案内文等の作成がなされ、祝い金や贈答品も会社の収益として計上し、また、代表者個人の私的な費用を別建てで決済していたのであれば、結論は異なっていたのかもしれません。

なお、葬式費用については、税務署長も裁判所も結婚披露宴費用とは

「性質が異なる」としていますが、過去の功績をたたえることと、将来の取引円滑化を期待することとは、単に過去と未来という時間軸の話であると考えますので、個人的にはこの点も疑問に感じています。

　いずれにしても、代表者の私的な費用であるならば、そもそも「事業関連性」がないわけですから、「寄附金」としての該当性も否定できないと思われます。この点「賞与」として処理すべき、とした結論に至るプロセスについては疑問が残ります。

3-5 法人の代表者とその同伴者のゴルフプレーの費用が役員賞与とされた事例

東京高判昭和59年4月26日税資136号464頁
東京地判昭和57年5月20日月報28巻8号1675頁

(1) 争点

法人の代表者とその同伴者のゴルフプレー費用は交際費等に該当するか役員賞与に該当するか。

(2) 裁判所の判断

裁判所は下記を理由として、本件ゴルフプレー費用については、原告の事業との関連性が認められず、交際費等すなわち得意先、仕入先その他事業に関係のある者等に対する接待、供応、慰安、贈答その他これらに類する行為のために支出するもの、ということはできない、とし、ゴルフ同好者等との交遊を兼ねつつ自己の趣味として行ったもので、代表者個人に対する臨時の給与として役員賞与に該当するというべきである、としました。

① 本件プレー費用はいずれも原告代表者がプレーしたゴルフの費用であること。
② その際の同伴者の多くは、原告の事業に直接関係する者ではないこと。
③ ゴルフプレーはいずれも親睦を主たる目的としたもので、それ以上の格別の意味はなかったこと。

(3) 検討

本件については、一緒にゴルフをした同伴者の主たるメンバーが「事

業関係者等」ではなく、社長個人の交友関係者であることをもって交際費等には該当しないとしています。しかし、ここでも、「支出の相手方」が「事業関係者等」でないのであれば、そもそも「事業関連性」自体がないことになりますので、「寄附金」に該当する余地は残るでしょう。

　では、仮に同伴者が得意先の役員や従業員等であるとして（事業関係者等の要件は満たすとして）、社長自身のプレー費用だけを負担した場合には結論は異なるでしょうか。

　「支出の相手方」に役員や従業員をも含むというスタンスからは、他の要件を満たす限り、交際費等として取り扱われるべきでしょう。

3-6 得意先を旅行に招待する費用

東京高判昭和39年11月25日月報11巻3号444頁
長野地判昭和38年4月9日行裁例集14巻4号790頁

(1) 争点

海産物等の卸販売業を営む原告が、一定金額以上購入した得意先を国内旅行や花見に招待し、不参加者には割戻金を支出した場合の費用は交際費等に該当するか。

(2) 裁判所の判断

「本件費用支出の相手方は原告の得意先である特定の小売業者であることが明らかである。」

「本件費用の支出目的につき検討するに、…旅行に招待されるためには別表一記載の品目数量の商品を最低6万9,520円で、本件伊豆方面旅行の場合は同表三記載の品目数量の商品を最低6万8,814円で、本件花見会の場合は同表二記載の品目数量の商品を最低1万0,562円で買上げることを要するものとされていたところ…原告はこれらの売上げを促進し、比較的短期間内に売りさばくため、右各商品の一部メーカーから仕入価格の値引を受けた上、本件各売出しを行なつたことが認められる。しかし、前記各品目数量の商品の全部を買上げないため買上金額が一口の金額に満たない者が、…旅行には…人それぞれ参加していることを認めることができ、右事実に後記認定のとおり本件各旅行に参加した者がいずれも原告の得意先であることを併せ考えれば、得意先との間の親睦の度を密にして取引関係の円滑な進行を図ることもまた本件費用支出の重要な目的の一であつたことを認めることができる。」

「本件費用支出の目的及びその相手方が前叙のとおりであるとすれば、特段の事情の認められない限り、本件費用のうち本件各旅行、花見の参加者に要した費用は旧措置法第五条の一二第四項に規定する得意先に対する接待、きよう応のため支出されたものであり、不参加者に対するいわゆる割もどしは招待旅行に参加しなかつたことの代償としての金員の交付であつて、その費用は同項に規定する得意先に対する接待、きよう応、慰安、贈答『その他これに類する行為』のために支出されたものと認めるのが相当である。」

「原告は本件費用は広告宣伝費であると主張するが、本件費用支出の相手方は先に認定したとおり、原告の得意先である特定の小売業者であるから、本件費用は原告において新しく得意先を拡張するための費用ではないし、不特定多数の買受人のなかから抽せんによつて相手方を選んで行なう招待旅行の費用とは性質を異にすることが明らかである。」

（3）検討

本件のような旅行費用等については、交際費等に該当することについては異論はないと思われます。ただし、裁判所は「本件費用支出の相手方は先に認定したとおり、原告の得意先である特定の小売業者であるから、本件費用は原告において新しく得意先を拡張するための費用ではないし、不特定多数の買受人のなかから抽せんによつて相手方を選んで行なう招待旅行の費用とは性質を異にすることが明らかである。」と判示していますので、旅行招待客の選定方法によっては広告宣伝費や販売促進費として損金算入が認められる余地は残っているでしょう。また、現行の課税実務では売上割戻し等について以下のように規定しています。

措通61の4(1)－3　売上割戻し等と交際費等との区分

　法人がその得意先である事業者に対し、売上高若しくは売掛金の回収高に比例して、又は売上高の一定額ごとに金銭で支出する売上割戻しの費用及びこれらの基準のほかに得意先の営業地域の特殊事情、協力度合い等を勘案して金銭で支出する費用は、交際費等に該当しないものとする。

　（注）「得意先である事業者に対し金銭を支出する」とは、得意先である企業自体に対して金銭を支出することをいうのであるから、その金額は当該事業者の収益に計上されるものである。

措通61の4(1)－4　売上割戻し等と同一の基準により物品を交付し又は旅行、観劇等に招待する費用

　法人がその得意先に対して物品を交付する場合又は得意先を旅行、観劇等に招待する場合には、たとえその物品の交付又は旅行、観劇等への招待が売上割戻し等と同様の基準で行われるものであっても、その物品の交付のために要する費用又は旅行、観劇等に招待するために要する費用は交際費等に該当するものとする。ただし、物品を交付する場合であっても、その物品が得意先である事業者において棚卸資産若しくは固定資産として販売し若しくは使用することが明らかな物品（以下「事業用資産」という。）又はその購入単価が少額（おおむね3,000円以下）である物品（以下61の4(1)－5において「少額物品」という。）であり、かつ、その交付の基準が61の4(1)－3の売上割戻し等の算定基準と同一であるときは、これらの物品を交付するために要する費用は、交際費等に該当しないものとすることができる。

　これらの通達の考え方によれば、旅行等に招待するのではなく、一律に一定の基準で割戻金を交付したような場合には交際費等に該当しないこととなるでしょう。

　ちなみに、措通61の4(1)－3と措通61の4(1)－4の違いはどこにあるのでしょうか。

　このような売上割戻しは、一般的には取引金額の修正であり、取引当

事者間において金銭で授受されるものは事業者自身に帰属するので、交際費等に該当しないと説明[50]されています。これに対して、旅行等の招待費用については、たとえ取引金額の修正であっても金銭以外のものについては事業者自体に帰属しないことがあり、このようなサービスにあっては専ら取引先の従業員に対する謝礼等の意味合いしかないので、交際費等に該当すると説明[51]されています。

---

50 若林論文75頁。
51 若林論文75頁。

3-7 工場見学のために要する費用は販売促進費であるとした事例

大阪地判平成4年1月22日判時1475号62頁判タ803号167頁

(1) 事案の概要

①工作機械の製造業者である原告は、アメリカ合衆国のユーザー等取引先に2台目、3台目の機械を購入してもらうことが販売促進につながるうえ、原告の伊賀工場は、日本の工作機械業界ではトップクラスの無人化生産システム工場であって、アメリカ合衆国における原告の知名度や製品に対する信頼度を高めるためには、このような原告の工場を見学させることは、有効な販売促進策であると判断して日本招待旅行を計画しました。

②日本招待旅行日程の8日間のうち、2.5日が原告の伊賀工場及び本社工場、並びに、原告製品の電子制御部分を製造している東京工場その他工場の見学に当てられていました。

③工場見学日に計画された観光は、ユーザーに同行した夫人を対象とするものであり、ユーザーは、右各工場の見学を行ないました。また、旅行日程のうち終日に観光に当てられた日は2日だけで、他は、移動日の午後や工場見学の後の時間を観光に当てたというようなものでした。

(2) 裁判所の判断

「製造業者が、自社製品を購入してもらったことへの謝礼等の趣旨で、得意先を観光旅行に招待した場合には、そのために要する費用は交際費に該当し、当該事業年度の損金の額に算入することは認められないが、他方、自社製品の商品知識の普及等を目的として、得意先に工場の見学をさせる場合には、このような行為は、得意先に対する接待、供応

というよりも、販売促進のために必要な行為というべきであるから、それに通常要する費用の額は、販売促進費として、損金の額に算入することが許されると解される。」

「旅行日程は、工場見学の実態を備えたものであり、アメリカ合衆国のユーザー80名に、原告の伊賀工場等右各工場を見学させることは、原告製品についての商品知識を普及させ、原告の知名度、信頼度を向上させるなど、有効な販売促進策であるとの判断の下にツアーが実施されたものと認められる。したがって、本件リベートのうち、アメリカ合衆国のユーザー80名を、右各工場の見学に招待するために通常要する費用の限度においては、これが交際費に当たるとは認め難く、これを損金の額に算入すべきである。」

（3）検討

支出の相手先が「特定」の事業関係者等であっても、その「行為」を検討した結果、「接待等」ではなく、通常の販売促進行為であるという結論です。通常の販売促進行為があったということは、接待等「目的」や「行為」もなかったことになりますから、交際費等には該当しないでしょう。

3-8 特定の従業員の飲食の費用は交際費等とされた事例

東京高判昭和57年7月28日月報29巻2号300頁
東京地判昭和56年4月15日税資117号4頁

(1) 争点

一部の役員及び従業員を対象とした飲食代金は交際費等に該当するかどうか。

(2) 裁判所の判断

① 「『交際費等とは、交際費、接待費、機密費その他の費用で、法人が、その得意先、仕入先その他事業に関係のある者等に対する接待、きょう応、慰安、贈答その他これらに類する行為のために支出するもの（もっぱら従業員の慰安のために行なわれる運動会、演芸会、旅行等のために通常要する費用その他政令で定める費用を除く。）をいう。』と規定している。そして、右条項括弧書は、当該法人の従業員も『事業に関係ある者等』に含まれることを前提として、従業員に対する支出のうち特に一定のものだけを交際費等から除外しているものであるから、交際費等に該当する支出の相手方としては、当該法人の従業員も含まれるというべきであり、これを原告主張のように取引先、仕入先等の外部の者に限定すべきではない。」

② 「もっぱら従業員の慰安のために行なわれる運動会、演芸会、旅行等のために通常要する費用」を特に交際費等から除外しているのは、この種の費用が、従業員個々人の業務実績とは無関係に従業員全体の福利厚生のために支出されるものであり、法人において負担するのが相当な費用であるので、通常要する範囲を超えない限り全額損金算入を認めて

も、法人の社会的冗費抑制の目的に反しないとしたためであると解される。」

③「いずれの飲食も従業員全体で行われたものではなく、その都度一部の者が集ってしたものであり、しかも、特定の者に偏っている。これに飲食の頻度や社外において飲食した場所等を総合して考えれば、右飲食が、従業員全体の福利厚生のために行われる運動会、演芸会、旅行等と同じく従業員の慰安のため相当なものとして通常一般的とされる範囲内の行為であったとは認めることができない。」

（3）検討

裁判所は上記のように判示し、対象が一部の従業員であることと、「もっぱら従業員の慰労のために行う行為としては社会的に相当とされる限度を超えている」として、その「支出の性格は一体として評価すべき」とし、支出金額全体を交際費等としました。条文の文言上は、支出額のうち「通常要する費用」の部分は福利厚生費として取り扱うという見方もできますが、裁判所はそのようには取り扱いませんでした。

また、納税者の代表者1名のみを対象とした支出については、第一審は役員賞与としています。この点については、税務署長が「各人への帰属部分を金額的に特定できないもの」を福利厚生費の要件として掲げたことと整合しています。しかし、控訴審では、この点につき、「役員賞与に該当すると解する余地もないではないが、右飲食の日時、機会、内容、場所等前記判示の諸事情を総合して考えると、右支出は、…の支出とその趣旨を同じくするものであり、従って、交際費等であると解すべきであって、役員賞与又は福利厚生費であると解すべきではない。」とし、交際費等と認定しました。

3-9 費用の招待客負担分は交際費から控除できないとした事例

東京地判平成元年12月18日判時1338号106頁判タ733号69頁

(1) 争点

　法人が、工場竣工記念行事や本社ビル竣工記念行事（「本件各記念行事」）に際して、招待客から収受した祝金の額は、交際費等の額の計算において、本件各記念行事費の額から控除することができるか。

(2) 裁判所の判断

　「招待された者が右のような行事に出席することは、招待客の立場からみると、右行事をその主催者と共同して自らも執り行うというわけではなく、主催者によって催される右行事の機会を利用して招待客が行う一種の交際行為であると解されるものである。したがって、その際に招待客が右行事の主催者に対して支出する祝金は、招待客の交際行為に係る交際費等に当たる費用であるから、右行事の開催に係る交際費等との関係は、同一の機会に右行事の主催者と招待客との二つの交際行為が行われ、それぞれの交際行為のためにそれぞれが交際費等を支出したという関係であり、同一の機会に行われたという点で密接な関係にあり、また、右行事の開催という主催者の交際行為とそのための交際費等の支出がなければ、右行事への出席という招待客の交際行為とそのための交際費等の支出がないという意味で、因果関係があることも明らかであるが、そうであるからといって、右行事の開催のための交際費等について、受領した祝金に相当する額の部分はその支出がなかったとみうるとか、その交際費性が失われるとかの関係にあるとすべき根拠はない（もとより、主催者が招待客から受領した祝金が主催者にとって収益であること

を否定すべき根拠もない。）。そうすると、交際費等の額の計算においては、祝金収入分につきこれを控除するなどといった方法で考慮することはできないものというべきである。」

(3) 検討

　記念行事への招待という「接待」行為と、祝金の支出という「贈答」行為という、独立した別々の「行為」があったものとし、祝金については、記念行事費用から控除できないという結論になりました。これは、裁判所が交際費等課税について「行為」の態様の存在を要件に組み入れていることが理解できます。

　なお、同旨の判例として、東京高判平成3年4月24日（税資183号352頁）があります。ここでも、記念行事費と祝金について「両者は同一の機会になされ密接な関係にはあるものの、両者をもって一個の交際行為とみなければならないものではない」としつつ、「記念行事費の一部負担とはみられない祝金のような金員について、記念行事費から控除すべき特別の定めは置かれていない。」と、明文上の規定がないことをも根拠としています。

　しかし、当初から一部負担金として、参加者全員、一律に一定金額を徴収しているような場合には、結論は異なるかもしれません。

3-10 2以上の法人が共同して交際費を負担した場合

東京地判平成2年3月23日判時1355号36頁判タ729号108頁

(1) 争点

本件では、洋酒等の輸入・販売を行っている納税者が、仕入先である外国メーカーの一定の費用負担のもとに広告宣伝及び販売促進活動、ゴルフコンペや特約店を招待したパーティーなどを開催していました。税務署長は、これらに係る費用のうちの一部を交際費等と認定しました。そこで、交際費に関する複数法人間の費用分担約束がある場合において、ある法人が、他社負担分を立て替えたうえで、自社負担分とまとめて支払ったとき、他社負担分が自社の「交際費等」に該当するかどうかが争点となりました。

(2) 裁判所の判断

「交際費は、法人がその得意先等に対してした接待等の交際行為のために支出された金員をいうものと解される。そして、同法には、二以上の法人が共同して接待等の交際行為を行った場合に関する規定はないが、二以上の法人が共同して交際行為を行いその費用を分担して支出した場合でも、それぞれの法人が自ら交際行為を行い、そのため費用を支出したものと評価することができるのであれば、その費用は、それぞれの法人の交際費であると解して差し支えないものというべきである。」

「二以上の法人が共同して交際行為を行ったというためには、原則として、二以上の法人が特定の交際行為を共同して行う意思のもとに、各法人が交際行為の一部を分担する必要があると解した上、交際行為の一部を分担しなかった法人が、交際行為を担当した法人との間で事前に交

際行為につき十分な協議を遂げ、直接交際行為を担当した法人に対して主導的役割を果したなど、価値的にみて、自ら交際行為の一部を分担したと評価することができる場合においてのみ、二以上の法人が共同して交際行為を行ったものと解することの妨げとなるものではないというべきである。」

（3）検討

　自己が実質的に負担した部分のみが交際費等になるかどうかという点においては、前述の3-9と似ていますが、本件については、「共同して」交際「行為」があったかどうかが争点になっています。3-9が別個の交際行為があったとされたのに対して、本件は交際行為自体は一つで、複数の法人で「共同」してなされたかどうかが争点です。事実認定の結果、納税者の主張は容れられませんでした。結局、外国メーカーは単に資金を提供していただけで、上記販売促進活動等の内容について企画立案指示を与えていないことが、その理由とされています。

　ただ、共同して交際行為があったかどうかの判断基準を裁判所が与えたことは評価できると思います[52]。現行の通達においても、交際費等を共同支出した場合についての規定が設けられています。

> **措通61の4(1)-23　交際費等の支出の方法**
> 　措置法第61条の4第3項に規定する法人の支出する交際費等は、当該法人が直接支出した交際費等であると間接支出した交際費等であるとを問わないから、次の点に留意する。
> (1)　2以上の法人が共同して接待、供応、慰安、贈答その他これらに類する行為をして、その費用を分担した場合においても交際費等の支出が

52　金子・租税法358頁においても、「2以上の法人が共同して交際行為を行い、その費用を分担して支出した場合には、当該費用は各法人の交際費にあたると解すべきである」とされています。

あったものとする。
(2) 同業者の団体等が接待、供応、慰安、贈答その他これらに類する行為をしてその費用を法人が負担した場合においても、交際費等の支出があったものとする。
(3) 法人が団体等に対する会費その他の経費を負担した場合においても、当該団体が専ら団体相互間の懇親のための会合を催す等のために組織されたと認められるものであるときは、その会費等の負担は交際費等の支出があったものとする。
(注) 措置法令第37条の5第1項に規定する「飲食その他これに類する行為のために要する費用として支出する金額」とは、その飲食等のために要する費用の総額をいう。したがって、措置法第61条の4第3項第2号の規定の適用に当たって、例えば、本文の(1)又は(2)の場合におけるこれらの法人の分担又は負担した金額については、その飲食等のために要する費用の総額を当該飲食等に参加した者の数で除して計算した金額が5,000円以下であるときに、同号の規定の適用があることに留意する。ただし、分担又は負担した法人側に当該費用の総額の通知がなく、かつ、当該飲食等に要する1人当たりの費用の金額がおおむね5,000円程度に止まると想定される場合には、当該分担又は負担した金額をもって判定して差し支えない。

3-11 交際費等の主体

東京地判平成2年5月31日判時1361号21頁

（1）争点

海運代理店業務等を営む原告が、荷主となるべき企業関係者を接待の相手方として交際費等の支出をした場合において、海運代理店関係を有する原告の関連会社である本件船会社が交際費等の一部を負担する契約に基づいて負担した部分は、原告の交際費等から除外できるか。

（2）裁判所の判断

「法人が当該支出に係る交際費等による具体的な接待、贈答等の行為の主体であり、当該交際費等に係る具体的な接待、贈答等の行為が当該法人の事業に関連して、その業務遂行の円滑化のために行われた場合には、当該交際費等は、当該法人の支出に帰すべきものというべきである。このことは、企業の行う接待、贈答等の具体的な交際行為が、直接にはその接待者、贈与者等と被接待者、受贈者等との間の人的な繋がりの構築、維持又は強化を図ることにより、ひいて業務の円滑な遂行に資することを目的とする活動であり、それ故に、具体的な交際行為の効果は、当該接待者、贈与者等に、その業務の円滑な遂行という形態で生ずるものというべきことに照らしても、首肯し得るものということができる」

「本件交際費に係る具体的な接待行為、贈答行為は、原告の各本支店においてその企画、立案がされて、実行が決定されるものであり、接待行為については、原告の従業員によって実行され、その相手方においても、接待行為自体は海運代理店である原告から受けているものと認識し

ているのであり、また、贈答行為については、送り主を原告の名義として実行されているのであるから、右の接待行為、贈答行為の主体が原告であることは明白である。」

（3）検討

3－10と同様に、交際費等の主体がどこに帰属するのかが争われた事案です。

結局、事実認定により、原告の関連会社である本件船会社は接待等「行為」に関与していないとされ、本件船会社が交際費等の一部を負担する契約に基づいて負担した部分は、原告の交際費等から除外されませんでした。仕訳で表現すると、当初、原告は本件船会社が負担していた部分につき、立替金で処理していたところ、それは誤りであり、

　交際費等／負担金収入

とすべき、とされたものです。したがって、損益自体は変動しませんが、交際費等として損金不算入の対象となる部分が増えたことになります。

3-12 固定資産の交換差金が交際費等とされた事例

大阪地判平成9年9月4日税資228号449頁

(1) 事案の概要

　原告Xは、訴外Aとの間の不動産交換契約書に基づき、Xが所有していた土地とAが所有していた土地建物とを交換しました。Xは本件交換が等価交換で損益が発生しないものとして会計処理をするとともに、法人税法上の交換特例が適用されるものとして法人税の課税所得計算を行いました。

　しかし、Y税務署長は、本件交換は交換時における取得資産の価額と譲渡資産の価額との差額は、これらの価額のうちのいずれか多い価額の100分の20を超えていることが明らかであるから法人税法上の交換特例が適用されないものとし、また、本件交換差額について、Xが当時多額の融資を受けていた訴外B（代表者A）との円滑な関係を維持する目的でAに利益供与したものとし、交際費等に該当するものとしました。

(2) 裁判所の判断

　裁判所は、本件交換差額について2億1,153万1,000円とし、①Xが、昭和58年ころから訴外Bと取引があり、その代表者であるAとも面識があったこと、②Xは、Bの関連会社から多額の融資を受けている関係にあったこと、③本件交換において、Xは交換取得資産の価額を低く評価して恩を売ろうと考えていたこと、の事実認定をしました。そして、Xは、Xの事業に関係のあるAに対して、贈答その他これに類する行為のために利益供与として右の交換差額を提供したものと推認することができるため、交際費等に該当するとしました。

(3) 検討

　裁判所は、本件交換差額の利益供与が「贈答」等に該当するとしました。支出が金銭の流出を伴わなければならないとするのであれば、本件のように不動産を介したような場合においては容易に交際費等課税を免れることがあり得ますので、金銭を介したものには限らないとするスタンスは適正であると考えます。仮に、「修正（新）二要件説」に立ったとしても「三要件説」に立ったとしても、「支出の目的」（利益供与の目的）が「事業関係者等との間の親睦の度を密にして取引関係の円滑な進行を図ること」については、要件を満たすと思われます。

　さて、問題は三要件説に立った場合の「行為の形態」が「接待、供応、慰安、贈答等」に該当するか否かです。この点については、英文添削費差額事件とは異なり、相手方がはっきりと利益を受けたことが客観的にも明らかですので、やはり「贈答」「行為」に該当するでしょう。しかし、これとは別に、法人税法は第37条で寄附金課税の定めを置いていますので、たとえ「贈答」に該当するとしても寄附金課税としての検討も必要です。前述のように「寄附金」に該当するための要件として「対価性のない支出」というのがありました。さて、本件交換は対価性がないのでしょうか。

　反対給付として他の不動産をもらっているのですから、取引全体としては全く対価性がないとは言えません。しかし、すでに確認したとおり、法人税法第37条第8項では以下のように規定されています。

法人税法第37条第8項
　内国法人が資産の譲渡又は経済的な利益の供与をした場合において、その譲渡又は供与の対価の額が当該資産のその譲渡の時における価額又は当該経済的な利益のその供与の時における価額に比して低いときは、当該対価の額と当該価額との差額のうち実質的に贈与又は無償の供与をしたと認められる金額は、前項の寄附金の額に含まれるものとする。

　つまり、対価性があったとしても低額譲渡のような場合には、本規定により寄附金に該当する可能性があります。そうすると、本件交換差額は「寄附金」として取り扱うのが正しかったのではないかという意見も考えられるところです[53]。

　このように、ある経済的利益の移転について交際費等に該当するのか、あるいは寄附金に該当するのか、判断に非常に迷うところです。両規定の要件をいずれも満たしてしまう場合にはどのように考えれば良いのでしょうか。

　前述のドライブイン事件では「対価性のない」取引についての損金性について検討しました。結論としては、法人税法第37条第7項では、「交際費とされるべきものを除く」としていることから、両規定の双方に合致することが想定されるような取引（たとえば「金銭その他の資産又は経済的な利益の贈与又は無償の供与」）については、交際費等に該当するということが言えそうです[54]。そもそも、両規定の双方に合致する取

53　低額譲渡につき寄附金としたものとして、大阪地判昭和38年3月30日月報9巻5号662頁、神戸地判昭和38年1月16日行裁例集14巻12号2144頁、大阪地判昭和54年6月28日行裁例集30巻6号1197頁。
54　なお、措通61の4(1)－1「交際費等の意義」では、「措置法第61条の4第3項に規定する『交際費等』とは、交際費、接待費、機密費、その他の費用で法人がその得意先、仕入先その他事業に関係ある者等に対する接待、供応、慰安、贈答その他これらに類する行為のために支出するものをいうのであるが、主として次に掲げるような性質を有するものは交際費等には含まれないものとする。(1)寄附金(2)値引き及び割戻し(3)広告宣伝費(4)福利厚生費(5)給与等」としています。

引が存在することを想定しているからこそ、このような書きぶりになっているのであると思われます。

確かに法人税法第37条第7項を素直に読めば交際費等としての取扱いが優先するということが言えるのですが、この通達の存在により、両者の規定に合致する場合、いったいどちらなのか判断に迷うところです。お互いに別の一方を排除する規定が法律と通達で用意されているため、実務上の混乱を招いていると思われます。この点については、立法的にはっきりと解決してもらうしかないでしょう。

第2章
裁判所等の判断の整理

最後に、裁判所等が交際費等と判断するに至った根拠や隣接科目との区分について簡単に整理します。

1 課税要件総論

二要件説、修正（新）二要件説、三要件説について、もう一度まとめてみましょう。

■二要件説（ドライブイン事件）

> ア 「支出の相手方」が事業に関係のある者であること。
> イ 「支出の目的」が接待、供応、慰安、贈答その他これらに類する「行為」であること。

■修正（新）二要件説（英文添削費差額事件第一審）

> ア 「支出の相手方」が事業に関係のある者であること。
> イ 「支出の目的」が取引関係の相手方との親睦を密にして取引関係の円滑な進行を図るためのものであること。

■三要件説（英文添削費差額事件控訴審）

> ア 「支出の相手方」が事業に関係ある者等であること。
> イ 「支出の目的」が事業関係者等との間の親睦の度を密にして取引関係の円滑な進行を図ること。
> ウ 「行為の形態」が接待、供応、慰安、贈答その他これらに類する行為であること。

いずれの説も、「支出の相手方」が「事業に関係のある者」であることは共通しています。

各説については、「接待、供応、慰安、贈答その他これらに類する行為のために」の解釈を巡って、差異が生じています。二要件説及び三要

件説においては、接待等「行為」の存在が要件とされていますが、修正（新）二要件説においては、接待等「行為」そのものの存在は要求されていません（あってもかまわないのですが）ので、いたずらに交際費等の範囲が拡張される恐れがあるのではないかと危惧されます。

2 課税要件各論

(1) 支出の相手方－「事業に関係のある者等」

「事業に関係のある者等」を巡って様々な見解がみられますが、「不特定多数の者」を含まず、一定の範囲に限定された者である、とする立場が、多くの判例や裁決[55]で見受けられます。この点は、主に広告宣伝費や販売促進費との区分上、争いになりやすいところですので、「3（1）広告宣伝費・販売促進費等との区分」で検討します。

また、「事業に関係のある者等」には役員・従業員を含むとする立場も多くの判例[56]で確認できます。この点については、福利厚生費と給与（役員賞与）との区分も争点になるところですので、「3（2）福利厚生費・給与との区分」で検討します。

(2) 支出の目的－「事業関係者等との間の親睦の度を密にして取引関係の円滑な進行を図ること」

修正（新）二要件説及び三要件説において、要求されている内容です。

---

[55]「3－1　興安丸事件（レセプション事件）」、「2－1　遊園施設の清掃業務の再委託料と委託料との差額、優待入場券のサービス提供原価相当分は交際費等とされた事例」、「1－3　オートオークション事件」、国税不服審判所昭和53年12月14日裁決、東京地判昭和53年1月26日判時882号33頁、国税不服審判所昭和46年6月12日裁決など。

[56]「3－2　従業員の忘年会等の費用が交際費等とされた事例」、「3－3　記念祝賀会の費用」、「3－8　特定の従業員の飲食の費用は交際費等とされた事例」。

ここでも、単に字面を追って「親睦を深め」て「取引関係の円滑な進行」を図る意図があれば、ただちにこの要件を満たすものとはならないことに注意する必要があります。

　この要件については、単独で判断するのではなく、あくまでも「行為」の形態とあわせて考慮するべきでしょう。

（3）行為の形態－「接待、供応、慰安、贈答その他これらに類する行為」の存在

　こちらについては、条文上も明確に「行為」という文言を用いている以上、当然要件になるものと思われます。具体的に何をもってこのような「行為」があったとするのかについては、英文添削費差額負担事件控訴審判決が言うように、「相手方の快楽追求欲、金銭や物品の所有欲などを満足させる行為」かどうかをもって判断するのが妥当であると考えます。少なくとも言えるのは「法人」には「快楽追及欲」もなければ、「満足」もしないということです。取引先等の役員、従業員等に明らかな所得が発生しているものと解釈することができます。

3　隣接科目との区分

（1）広告宣伝費・販売促進費等との区分

　交際費等と広告宣伝費・販売促進費等との区分を考えるにあたっては、「不特定多数の者」を対象としているかどうかがポイントになっているようでした。

　さて、「不特定多数の者」とは、どの程度の「不特定」さ、あるいは「多数」さが求められるのでしょうか。「不特定」という文言の通常の意味から考えると、特定の範囲の者に限定されないということが言えそう

です。そして、特定の範囲に限定されないのであれば、自動的に一定程度の「多数」の者をまきこむと言えそうです。しかし、だからといって、当初からありとあらゆるすべての一般消費者をターゲットにしないといけないわけではないでしょう。たとえば、ある商品の購買層がそもそも限定されているような場合（化粧品やお酒・タバコのような嗜好品）の広告宣伝活動や販売促進活動は、そもそも当初からありとあらゆるすべての一般消費者をターゲットにしているわけではありませんので、単に一般的な意味で「不特定多数の者」を考えるのではなく、企業活動の目的に応じて考えるべきです。下記④の裁決が指摘するように、「当事者の相対的な関係において判断されるべきもの」だとするのが妥当であると考えます。④の事案では、相手方に「匿名性」があるとまでは言えないまでも、特定の教師等を意識して送付しているのではなく、ごく限られたマーケットで活動する法人における「不特定」さが確認できたので、交際費等には該当しないと言えます。

　では、「多数」さについては、どうでしょうか。「3－1　興安丸事件（レセプション事件）」では、当初は、一定の階層の見込客にターゲットを限定して招待状を送付していましたが、結果として招待状の有無にかかわらず5万人もの者が参加できましたので、「不特定多数の者」とされました。

　一方、支出の相手方を選択しようとする母集団そのものは不特定多数ですが、結果として支出の相手方となった者が少数の者である場合はどのように考えればよいのでしょうか。「3－6　得意先を旅行に招待する費用」では、裁判所は「不特定多数の買受人のなかから抽せんによつて相手方を選んで行なう招待旅行の費用とは性質を異にすること」を損金性否認理由のひとつとしていました。たとえば、製菓メーカーが自社の商品を購入した消費者の中から抽選で一定の少人数を海外旅行に招待

するというような企画をした場合、この企画に伴う諸費用は広告宣伝費・販売促進費なのか交際費等なのか、いずれに該当するのでしょうか。

このような場合は、支出の相手方を選択しようとする母集団そのものは不特定多数ですが、結果として支出の相手方となった者は少数の者に限られます。仮想例ではありますが、意図的に特定の消費者を選定できないことが客観的に明らかである場合には、広告宣伝費・販売促進費として損金に算入されるものと思われます[57]。たまたま旅行に当選した少人数の方たちを結果的に優遇したからといって、広告・販促活動全体としては、やはり「不特定多数の者」を対象にしたと言えるのではないでしょうか[58]。

仮に、「不特定多数の者」ではなかったと判断された場合でも、「支出の目的」要件を満たさなければ交際費等には該当しないことになります。下記⑤の裁判例では、「交際目的といい、宣伝目的といっても、本来両者相排斥するものではなく、交際目的のなかに宣伝費的要素の複合して存在することは充分あり得ることであるから、従って、その場合には、行為の外形から主たる目的を推断するのが相当であるところ」と判示していることからもうかがえます。

以下、関連する主な裁判例についてまとめておきます[59]。

---

[57] 措通61の4(1)-9(1)においては、「製造業者又は卸売業者が、抽選により、一般消費者に対し金品を交付するために要する費用又は一般消費者を旅行、観劇等に招待するために要する費用」は「不特定多数の者に対する宣伝の効果を意図するもの」とし、交際費等には含まれないとしています。

[58] このように考えていくと、現行の課税実務においても広告宣伝費として取り扱うのが不適当と思われるものもあります。たとえば、国税庁個別通達「職業野球団に対して支出した広告宣伝費等の取扱について」(直法1-147昭和29年8月10日)では、職業野球団である子会社の欠損填補部分について損金性が認められています。

[59] その他、東京地判昭和53年1月26日判時882号33頁、国税不服審判所裁決昭和53年12月14日(裁決事例集17集86頁)、大津地判昭和55年6月9日(税資125号1553頁)など。

①東京高判昭和39年11月25日（月報11巻3号444頁）・長野地判昭和38年4月9日（行裁例集14巻4号790頁）（「3－6　得意先を旅行に招待する費用」）

ア　支出の内容
　　海産物等の卸販売業を営む法人が、一定金額以上購入した得意先を国内旅行や花見に招待し、不参加者には割戻金を支出したもの
イ　広告宣伝費・販売促進費該当性についての裁判所の判断
　　「本件費用が新しい商品について販路を獲得するための広告宣伝費で段の事情は認められない。」
　　「広告宣伝費とは購買意欲を刺激する目的で商品等の良廉性を広く不特定多数の者に訴えるための費用をいい、その相手方を常に不特定多数の者としているのである。」
ウ　結論
　　交際費等に該当する。

②東京地判昭和44年11月27日行裁例集20巻11号1501頁（「3－1　興安丸事件（レセプション事件）」）

ア　支出の内容
　　遊覧船として宣伝する目的で支出されたものであるレセプション関係費
イ　広告宣伝費・販売促進費該当性についての裁判所の判断
　　「『事業に関係のある者』とは、近い将来事業と関係をもつにいたるべき者をも含み、これを除外する合理的理由はないが、だからといつて、不特定多数の者まで含むものでないことは、右の文言からみても、また、前叙のごとき本条の立法趣旨に徴しても明らかである。」
ウ　結論
　　交際費等には該当しない。

③国税不服審判所裁決昭和46年6月12日裁決事例集2集38頁

ア 支出の内容
　野球観戦のためのシーズン予約席料金。ボックス・シートに社名が掲載され、野球場入場券を得意先に配布することにより、広告宣伝になっていると納税者は主張していました。

イ 広告宣伝費・販売促進費該当性についての審判所の判断
　「ボックス・シート裏面、および…ゴンドラ室入口の社名看板は、予約席購入者に対する球場のサービス行為であって無料である。また、その内容は『A商事』または『A商事(株)』とのみ掲示した小型のものであって、入場者の目安、またはたんなる社名表示と認められる。」

ウ 結論
　「広告宣伝的効果を意図したものとは認め難く、野球入場券を取引先に贈答するために支出したものと認めることが相当である。」

④国税不服審判所裁決昭和50年7月21日 LEX/DB 文献番号26007170

ア 支出の内容
　外国語教科書の出版業者が、全国の各大学等の外国語教師等10,000人近い人員に対し、カタログ、パンフレットを配付していたが、その際広告宣伝の効果をより高める意図をもつて同一封筒内に同封して送付したお茶の購入費用

イ 広告宣伝費・販売促進費該当性についての審判所の判断
　「不特定多数の者に対する宣伝的効果を意図するものは広告宣伝費の性質を有するものとして取扱われているところである。」
　「特定の者であるか不特定多数の者にあたるかは、当事者の相対的な関係において判断されるべきものであつて、本件の場合、請求人が語学関係教科書の出版社であり、当該出版物の販路が限定されているという請求人の特殊性を考慮すれば、前述のとおり潜在的な採用可能性のある者を含めて一律に配付していることから、本件狭山茶を送付した担当教授等は不特定多数に該当し、主として広告宣伝効果を意図した配付と認めるべきであり、これら担当教授等を特定の得意先と解することは相当でない」

ウ　結論
　　広告宣伝費として認めるのが相当である。

⑤東京地判昭和55年2月29日判タ426号209頁

ア　支出の内容
　　ゴルフトーナメントに係る費用
イ　広告宣伝費・販売促進費該当性についての裁判所の判断
　「交際費等と広告宣伝費との区別は、(イ) 支出の目的が交際目的（親睦の度を密にして取引関係の円滑な進行を図ること）か広告宣伝目的（購買意欲の刺激）か、(ロ) 支出先が特定か不特定かによって区別すべきものと解すべき」
　「右ゴルフ大会が主として取引先との親睦を図る目的で実施されたものであると認められること、招待先は特定された取引先に限られ、一般消費者たる顧客に対する具体的な宣伝を依頼した事実が認められないので、右は交際費等と認めるのが相当である。」
　「「交際目的といい、宣伝目的といっても、本来両者相排斥するものではなく、交際目的のなかに宣伝費的要素の複合して存在することは充分あり得ることであるから、従って、その場合には、行為の外形から主たる目的を推断するのが相当であるところ、本件はその行為の態様をみるに、主として親睦の度を密にし取引の円滑な進行を図るために行なわれたと認めるのが相当である。」
ウ　結論
　　交際費等に該当。

⑥大阪地判平成4年1月22日判時1475号62頁判タ803号167頁
　（「3－7　工場見学のために要する費用は販売促進費であるとした事例」）

ア　支出の内容
　　取引先に工場を見学させるための日本招待旅行の費用
イ　広告宣伝費・販売促進費該当性についての裁判所の判断
　「自社製品の商品知識の普及等を目的として、得意先に工場の見学を

させる場合には、このような行為は、得意先に対する接待、供応というよりも、販売促進のために必要な行為というべきである」
ウ　結論
　　交際費等には該当しない。

⑦東京高判平成5年6月28日（行裁例集44巻6＝7号506頁）・横浜地判平成4年9月30日（行裁例集43巻8＝9号1221頁）（「1－3　オートオークション事件」）

ア　支出の内容
　　中古車のオートオークションにおいて行った抽選会の景品の購入に要した費用
イ　広告宣伝費・販売促進費該当性についての裁判所の判断
　　「宣伝広告費とは、購買意欲を刺激する目的で、直接又は間接に商品等の良廉性を広く不特定多数の者に訴えるための費用をいう。」
ウ　結論
　　交際費等に該当する。

⑧東京高判平成22年3月24日訟月58巻2号346頁・東京地判平成21年7月31日判時2066号16頁、東京高判平成23年8月24日税資261号順号11732・東京地判平成22年11月5日（税資261号順号11548）（「2－1　遊園施設の清掃業務の再委託料と委託料との差額、優待入場券のサービス提供原価相当分は交際費等とされた事例」）

ア　支出の内容
　　遊園施設の清掃業務の再委託料と委託料との差額、優待入場券のサービス提供原価相当分
イ　広告宣伝費・販売促進費該当性についての裁判所の判断
　　「広告宣伝費とは不特定多数に対する宣伝的効果を意図する費用をいう」

「本件役員扱い入場券は、控訴人の重要な取引先に対し交付されており、それにより取引先等やその家族の歓心を買うことを目的としたものと認められる。そして、これによる広告宣伝効果は極めて限定的であると考えられるし、既に人気や定評がある本件遊園施設の更なる売上増加、人気・定評の更なる向上効果も限定的であって、これらに大きく寄与するものとまでは認められないから、同入場券交付が販売促進の目的でされたものとはいえない」

ウ 結論
　交際費等に該当する。

⑨東京高判平成24年11月29日（判例集未搭載）・東京地判平成24年1月31日（月報58巻8号2970頁）

ア 支出の内容
　医療法人の理事長の妻が代表者である法人の広告宣伝費につき、当該医療法人がその一部を負担したもの

イ 広告宣伝費・販売促進費該当性についての裁判所の判断
「広告宣伝は、その受け手である不特定多数の者に対し法人の事業活動が存在すること又は法人の商品、サービス等が他の事業者のものに優越することを訴える宣伝的効果が当該法人の事業の遂行に資することから、そのような効果を発生させることを意図して行われるものであるところ、広告宣伝費は、このような広告宣伝の役務の提供をその支出の対価とするものであることから、法人がその事業の遂行上これを支出することに経済取引として是認することができる合理的理由があり、客観的にみて当該法人の事業に直接関連して支出された事業の遂行上必要なものであるとして、その費用としての性格を肯定されるのであって、このことによれば、ある法人の支出が当該法人の広告の費用（広告宣伝費）であると認められるためには、その支出の対価として提供された役務が、客観的にみて、その受け手である不特定多数の者に対し当該法人の事業活動の存在又は当該法人の商品、サービス等の優越性を訴える宣伝的効果を意図して行われたものであると認められることが必要であるというべきである。」

ウ 結論
　寄附金に該当する。

（2）福利厚生費・給与との区分

「事業に関係のある者等」には、役員や従業員も含まれるとするのが、多くの判例等でみられた見解です。そうすると、今度は交際費等と福利厚生費・給与との区分が問題になります。

判例[60]では、「専ら従業員の慰安のために行われる運動会、演芸会、旅行等のために通常要する費用」かどうかがよく争点になりました。「専ら」や「通常要する費用」の概念については実に悩ましいところです。ただ「支出の相手方」の要件として限られた「特定」の範囲内の者であることを考えれば、少なくとも原則としてすべての従業員が対象となる行事に伴う費用であることが要件となりそうです。また、「3－8　特定の従業員の飲食の費用は交際費等とされた事例」で税務署長が主張したように「各人への帰属部分を金額的に特定できないもの」が福利厚生費としてなじむものだと思われます。したがって、仮に全従業員が対象であったとしても、個人に帰属する所得が明らかなものは、給与に該当する可能性があります。少なくとも裁判例はそのように考えているのではないでしょうか。実際に、「3－8　特定の従業員の飲食の費用は交際費等とされた事例」では、納税者の代表者1名のみを対象とした支出について、第一審においては役員賞与とされています。

一方で、慰安旅行の費用については、同じ福利厚生目的であっても飲食費用とは取扱いが異なるようで、役員・従業員に対して積極的に給与課税を行う傾向がみられます（下記⑦⑧）。旅行の場合は、通常は一人当たりの参加費用が比較的明らかであるからかもしれません。飲食代金でもたとえば、たまたま入った居酒屋等でランダムに飲み物や食べ物を

---

[60]　「2－5　就職内定者の囲い込み費用は福利厚生費でなく交際費等とされた事例」、「3－2　従業員の忘年会等の費用が交際費等とされた事例」、「3－3　記念祝賀会の費用」、「3－8　特定の従業員の飲食の費用は交際費等とされた事例」

注文したような場合には、各人への帰属部分は確かに不明瞭ですが、ホテルでの宴会のようにあらかじめ一人当たりの単価がはっきりとされているのであれば、慰安旅行と同様に、給与課税になじむのではないでしょうか。もちろん、明らかに会社の業務や行事ではない、単なる個人的な飲食や旅行費用を会社が負担したのであれば、結論は異なるでしょう。

以下、関連する主な裁判例についてまとめておきます。

①大阪高判昭和52年3月18日月報23巻3号612頁・京都地判昭和50年2月14日判時797号93頁判タ324号309頁（「3－4 社長の結婚披露宴の費用は交際費等ではなく役員賞与とされた事例」）

> ア　支出の内容
> 　　社長の結婚披露宴についての費用
> イ　福利厚生費・給与該当性についての裁判所の判断
> 　　「本件披露宴が原告の事業遂行のために取引先等を接待する目的で行なわれたものとは解し難い。」
> ウ　結論
> 　　役員賞与

②東京地判昭和55年4月21日月報26巻7号1265頁（「3－2 従業員の忘年会等の費用が交際費等とされた事例」）

> ア　支出の内容
> 　　社外において従業員相手に支出した飲食費等
> イ　福利厚生費・給与該当性についての裁判所の判断
> 　　「法人が従業員等の慰安のために忘年会等の費用を負担した場合、それが法人が社員の福利厚生のため費用全額を負担するのが相当であるものとして通常一般的に行なわれている程度のものである限りその費用は

交際費等に該当しないが、その程度を超えている場合にはその費用は交際費等に該当すると解するのが相当である」
　ウ　結論
　　　交際費等

③東京地判昭和57年8月31日月報29巻3号529頁（「3-3　記念祝賀会の費用」）

　ア　支出の内容
　　　会社創立30周年記念式典及び祝賀会の費用
　　「本件祝賀会は、法人が費用を負担して行う福利厚生事業として社会通念上一般的に行われていると認められる行事の程度を超えているものといわざるを得ない。」
　ウ　結論
　　　交際費等

④国税不服審判所裁決昭和57年12月27日LEX/DB文献番号26004420

　ア　支出の内容
　　　役員及び従業員を対象とした海外慰安旅行の費用
　イ　福利厚生費・給与該当性についての裁判所の判断
　　「使用者が役員又は使用人に対して供与した旅行費用の負担などの経済的利益は、当該役員又は使用人に対する給与とすべきものであるが、それがレクリエーションのために社会通念上一般的に行われていると認められる旅行等の簡易な行事の費用を使用者が負担したことにより役員又は使用人が享受するものであれば、給与とせずに福利厚生のための費用として差し支えないものと解される。」
　　「海外旅行は、複雑な旅行手続や所要経費及び日数の制約を受け、また、目的地が風俗習慣、言語等の異なる外国であることなどの理由から、いまだ現状においては、一般に使用者がその費用を負担して行うレクリエーション行事といえるほど慣行化している種類のものではないといわざるを得ない。」

ウ　結論
　　　給与・役員賞与に該当。

⑤東京高判昭和59年４月26日税資136号464頁・東京地判昭和57年５月20日月報28巻８号1675頁（「３−５　法人の代表者とその同伴者のゴルフプレーの費用が役員賞与とされた事例」）

　ア　支出の内容
　　　法人の代表者とその同伴者のゴルフプレーの費用
　イ　福利厚生費・給与該当性についての裁判所の判断
　　　同伴者の多くは事業に直接関係する者ではない
　ウ　結論
　　　役員賞与

⑥東京高判昭和57年７月28日月報29巻２号300頁・東京地判昭和56年４月15日税資117号４頁（「３−８　特定の従業員の飲食の費用は交際費とされた事例」）

　ア　支出の内容
　　　一部の役員及び従業員を対象とした飲食代金
　イ　福利厚生費・給与該当性についての裁判所の判断
　　　「いずれの飲食も従業員全体で行われたものではなく、その都度一部の者が集ってしたものであり、しかも、特定の者に偏っている。これに飲食の頻度や社外において飲食した場所等を総合して考えれば、右飲食が、従業員全体の福利厚生のために行われる運動会、演芸会、旅行等と同じく従業員の慰安のため相当なものとして通常一般的とされる範囲内の行為であったとは認めることができない。」
　ウ　結論
　　　交際費等

⑦国税不服審判所裁決平成8年1月26日裁決事例集51集346頁

ア　支出の内容
　　役員・従業員及び取引先の役員・従業員を対象とした海外慰安旅行の費用
イ　福利厚生費・給与該当性についての裁判所の判断
　　「従業員等の慰安旅行が社会通念上一般的に行われている福利厚生行事に当たるか否かの判断に当たっては、前記への通り使用者の負担額等により総合的に判断すべきであると解するのが相当であるところ、本件各旅行は、従事員の慰安等を目的とした観光旅行であるが、本件各旅行において請求人が負担した参加者一人当たりの金額は、上記（イ）のとおり平成3年分旅行341,000円、平成4年分旅行454,411円及び平成5年分旅行520,000円であり、前記へで述べたあえて課税しない趣旨からすれば当該金額は多額であることが認められるから、本件各旅行が社会通念上一般的に行われている福利厚生行事と同程度のものとは認められない。」
ウ　結論
　　参加者一人当たりの金額につき、役員分については役員賞与、従業員分については給与、取引先の役員・従業員分については交際費等

⑧国税不服審判所裁決平成13年10月10日裁決事例集62集267頁

ア　支出の内容
　　役員の旅行費用
イ　福利厚生費・給与該当性についての裁判所の判断
　　役員の個人的な費用と判断
ウ　結論
　　役員賞与

⑨国税不服審判所裁決平成15年9月25日裁決事例集66集212頁

ア　支出の内容
　　すべての使用人を対象とした誕生日祝金
イ　福利厚生費・給与該当性についての裁判所の判断

> 「ある金品の交付につき、基本通達28－5[61]による例外的取扱いが認められるためには、少なくとも、その金品の交付が広く一般に社会的な慣習として行われていることを要するところ、本件誕生日祝金は、…すべての使用人が、請求人に雇用されている限り、毎年誕生月に支給されるものであって、その支給形態等において、広く一般に社会的な慣習として行われているものであるとは認められない。」
> ウ 結論
>   給与等

⑩国税不服審判所裁決平成24年3月6日裁決事例集86集330頁（「2－2 退任した前代表取締役に対する地元対策等を目的とする支出は交際費等ではなく給与とした事例」）

> ア 支出の内容
>   退任した前代表取締役に対する地元対策等を目的とする支出
> イ 福利厚生費・給与該当性についての審判所の判断
>   「本件支給対象者は、雇用契約又はこれに類する合意に基づき、請求人から依頼された業務の遂行を、請求人の事務所等において継続的又は断続的に行っていたと認められ、このことは、請求人の指揮命令に服して、空間的、時間的な拘束を受けて労務の提供を行っていたことになる。」
> ウ 結論
>   給与等

---

61 所得税基本通達28-5「使用者から役員又は使用人に対し雇用契約等に基づいて支給される結婚、出産等の祝金品は、給与等とする。ただし、その金額が支給を受ける者の地位等に照らし、社会通念上相当と認められるものについては、課税しなくて差し支えない。」

参考　平成26年度税制改正大綱における交際費等の損金不算入制度の見直しについて

　平成26年度税制改正大綱において、交際費等の損金不算入制度については、以下のように見直しが行われました。

> 交際費等の損金不算入制度について、次の見直しを行ったうえ、その適用期限を2年延長する。
> ①交際費等の額のうち、飲食のために支出する費用の額の50％を損金の額に算入することとする。
> （注）飲食のために支出する費用には、専らその法人の役員、従業員等に対する接待等のために支出する費用（いわゆる社内接待費）を含まない。
> ②中小法人に係る損金算入の特例について、上記①との選択適用とした上、その適用期限を2年延長する。

　従来、資本金の額等が1億円超の法人等については、交際費等が損金算入される余地はありませんでした。ところが、平成26年度税制改正大綱においては、資本金額が1億円を超えるような、いわば大法人についても、一定の飲食費に限り一定の損金算入を認めるとされました。これは、飲食費の損金算入を、大企業も含めて一定程度認めることにより、飲食店における消費の拡大を通じ、経済の活性化を促進するという目的があったようです（「平成26年度厚生労働省主な税制改正要望」参照）。

生活衛生関係

○ 交際費課税の見直し　〔法人税、法人住民税、事業税〕

交際費課税について、中小法人の交際費課税の特例（800万円まで全額損金算入可能）を2年間延長するとともに、飲食店等における消費の拡大を通じた経済の活性化を図る観点から、大法人についても、その適用範囲を含め、所要の見直しを行う。

> ＜参考＞所得税法等の一部を改正する法律（平成25年法律第5号）（抄）
> 附則第108条　政府は、次に掲げる基本的方向性により、第一号、第三号及び第四号に関連する税制上の措置については平成二十五年度中に、第二号に関連する税制上の措置については平成二十六年度中に財源も含め検討を加え、その結果に基づき、必要な措置を講ずるものとする。
> 一・二　略
> 三　交際費等の課税の特例の在り方について、当該特例が租税特別措置法で定められていることも踏まえ、消費の拡大を通じた経済の活性化を図る観点から、その適用範囲を含め、検討すること。
> 四　略

「平成26年度厚生労働省主な税制改正要望」より

さらに、飲食店の売上増加につなげるという波及効果も見込まれているようです。

3. 交際費課税

法人が支出する交際費は、企業会計上、その全額が費用とされているが、税法上では、法人の冗費抑制と自己資本充実の観点から一般に損金算入が認められておらず、資本金1億円以下の中小企業に対してのみ、その一部について租税特別措置法により損金算入が認められている。交際費課税の創設当初は、一定金額を超える部分の50％を損金不算入とされていたが、損金不算入の割合が累次の改正により現在に至っている。中小企業に対して軽減策が設けられている理由は、大企業に比べ資金力や営業力に乏しい中小企業の活力を引き出す意図があると思慮される。

しかし、交際費課税については、慶弔費用など社会通念上必要とされるべき交際費まで課税対象に含まれており不適切であるといった指摘や、企業にとって事業を遂行する際に必要な経費であれば、交際費のみ損金性を認めない理論的根拠は薄いといった指摘[9]、税収確保に走る一方で、資本金1億円超及び大企業の交際費支出の抑制を招き、飲食店等の売り上げの長期の沈滞化を引き起こしてきたとの指摘がある。

交際費課税を廃止し、交際費の損金性を認めることで、交際費に関連する需要が増加し売上高が上がるなど、飲食店等に対する波及効果が見込まれる。

また、法人が支出した交際費は本来損金であり、昨今の厳しい経済情勢や疲弊している中小零細の飲食店等の経営状況が深刻であること、欧米諸国との均衡[10]に鑑み、本検討会としては、交際費課税の廃止について提言する。

厚生労働省「生活衛生関係営業の振興に「関する検討会第4次報告書」（平成24年7月）より

　また、飲食業の活性化に伴い、新たな設備投資や雇用の創出が見込まれることでしょう。
　注意すべきは、「飲食のために支出する費用には、専らその法人の役員、従業員等に対する接待等のために支出する費用（いわゆる社内接待費）を含まない。」とされていることです。この点については、過去の判例や裁決事例における隣接費用との区分や、この改正案の動向に注意する必要があります。

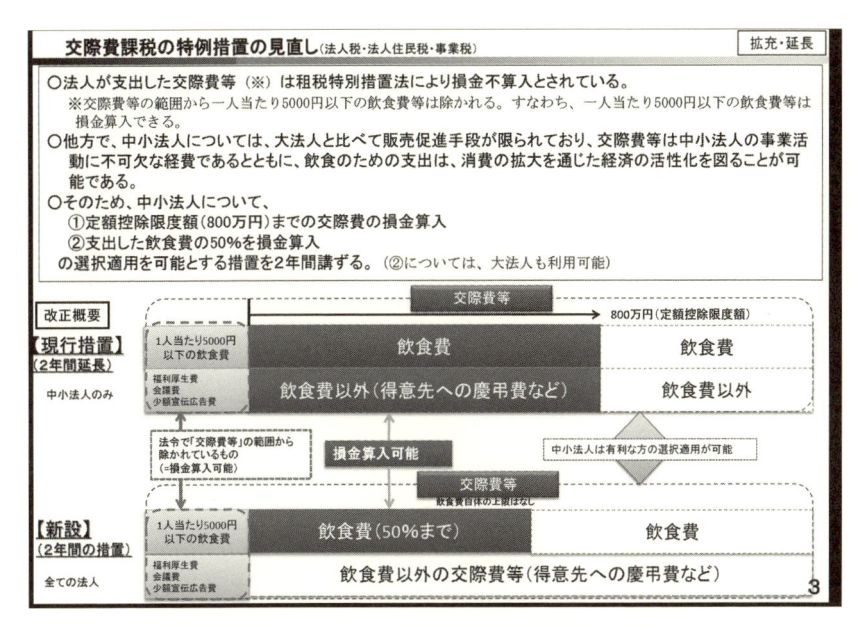

交際費課税の特例措置の見直し（法人税・法人住民税・事業税）　　　　　　拡充・延長

○法人が支出した交際費等（※）は租税特別措置法により損金不算入とされている。
　※交際費等の範囲から一人当たり5000円以下の飲食費等は除かれる。すなわち、一人当たり5000円以下の飲食費等は損金算入できる。
○他方で、中小法人については、大法人と比べて販売促進手段が限られており、交際費等は中小法人の事業活動に不可欠な経費であるとともに、飲食のための支出は、消費の拡大を通じた経済の活性化を図ることが可能である。
○そのため、中小法人について、
　①定額控除限度額（800万円）までの交際費の損金算入
　②支出した飲食費の50％を損金算入
の選択適用を可能とする措置を2年間講ずる。（②については、大法人も利用可能）

中小企業庁「平成26年度税制改正について（中小企業・小規模事業者関係税制）」（平成25年12月）

【著者略歴】

税理士　櫻井　圭一（さくらい　けいいち）

・平成5年　神戸大学経営学部会計学科卒業
・平成12年　税理士登録
・平成20年　神戸大学大学院法学研究科博士課程前期課程終了

現在、近畿税理士会調査研究部副部長。

（著書）
・「中小企業の会計に関する指針」ガイドブック（清文社・共著）
・「早わかり東日本大震災に対応する税務」（税務経理協会・共著）。
・法人税申告書の作り方（清文社・共著）

本書の内容に関するご質問は、なるべくファクシミリ等、文書で編集部宛に
お願いいたします。(fax 03-3233-0502)
なお、個別のご相談は受け付けておりません。

本書刊行後に追加・修正事項がある場合は、随時、当社のホームページ
(http://www.zeiken.co.jp 「書籍」をクリック)にてお知らせいたします。
　→ 税務研究会　書籍訂正　と検索してください。

判例裁決から見る交際費の実務

（著者承認検印省略）

平成26年2月10日　初版第一刷印刷
平成26年2月25日　初版第一刷発行

Ⓒ　著　者　櫻井　圭一
　　発行所　税務研究会出版局
　　　　　　http://www.zeiken.co.jp
　　　　　週刊「税務通信」発行所
　　　　　　　「経営財務」
　　　　　代表者　藤原　紘一

〒101-0065
東京都千代田区西神田1-1-3（税研ビル）
振替00160-3-76223

電話 [書籍編集] 03（3294）4831〜2
　　 [書店専用] 03（3294）4803
　　 [書籍注文] 03（3294）4741
　　 （お客さまサービスセンター）

各事業所　電話番号一覧
北 海 道　011（221）8348　　中　　国　082（243）3720
東　　北　022（222）3858　　九　　州　092（721）0644
関　　信　048（647）5544　　神 奈 川　045（263）2822
中　　部　052（261）0381　　研修センター　03（5298）5491
関　　西　06（6943）2251

乱丁・落丁の場合は、お取替え致します。　　　印刷・製本　奥村印刷

ISBN978-4-7931-2073-2